Negócios internacionais

Análise de Política Externa • Haroldo Ramanzini Júnior e Rogério de Souza Farias
Direito das Relações Internacionais • Márcio P. P. Garcia
Direitos Humanos e Relações Internacionais • Isabela Garbin
Economia Política Global • Niels Soendergaard
Europa: Integração e Fragmentação • Antônio Carlos Lessa e Angélica Szucko
História das Relações Internacionais • Antônio Carlos Lessa e Carlo Patti
Introdução às Relações Internacionais • Danielly Ramos
Métodos de Pesquisa em Relações Internacionais • Vânia Carvalho Pinto
Negócios Internacionais • João Alfredo Nyegray
Organizações e Instituições Internacionais • Ana Flávia Barros-Platiau e Niels Soendergaard
Política Internacional Contemporânea • Thiago Gehre Galvão
Teoria das Relações Internacionais • Feliciano de Sá Guimarães

Proibida a reprodução total ou parcial em qualquer mídia
sem a autorização escrita da editora.
Os infratores estão sujeitos às penas da lei.

A Editora não é responsável pelo conteúdo deste livro.
O Autor conhece os fatos narrados, pelos quais é responsável,
assim como se responsabiliza pelos juízos emitidos.

Consulte nosso catálogo completo e últimos lançamentos em **www.editoracontexto.com.br**.

Negócios internacionais

João Alfredo Nyegray

Coordenador da coleção
Antônio Carlos Lessa

editora**contexto**

Copyright © 2022 do Autor

Todos os direitos desta edição reservados à
Editora Contexto (Editora Pinsky Ltda.)

Foto de capa
Arvind Vallabh em Unsplash

Montagem de capa e diagramação
Gustavo S. Vilas Boas

Preparação de textos
Lilian Aquino

Revisão
Ana Paula Luccisano

Dados Internacionais de Catalogação na Publicação (CIP)

Nyegray, João Alfredo
Negócios internacionais / João Alfredo Nyegray. –
1.ed., 1ª reimpressão. – São Paulo : Contexto, 2024.
160 p. (Coleção Relações Internacionais / coordenador Antônio Carlos Lessa)

Bibliografia
ISBN 978-65-5541-198-0

1. Comércio internacional 2. Negócios 3. Relações internacionais I. Título II. Lessa, Antônio Carlos III. Série

22-4814   CDD 327.1

Angélica Ilacqua – Bibliotecária – CRB-8/7057

Índice para catálogo sistemático:
1. Comércio internacional

2024

EDITORA CONTEXTO
Diretor editorial: *Jaime Pinsky*

Rua Dr. José Elias, 520 – Alto da Lapa
05083-030 – São Paulo – SP
PABX: (11) 3832 5838
contato@editoracontexto.com.br
www.editoracontexto.com.br

Sumário

INTRODUÇÃO 7

COMÉRCIO INTERNACIONAL,
RELAÇÕES INTERNACIONAIS E NEGÓCIOS 23
    Negócios internacionais – a face *business* das Relações Internacionais 24
    Formas de internacionalização 25
    Teorias de internacionalização 33
    Negócios internacionais – participantes e características 40

O AMBIENTE DE NEGÓCIOS INTERNACIONAIS 45
    Quem participa dos negócios internacionais 46
    O ambiente internacional de negócios 50
    Os mercados emergentes 65
    Integração regional e os negócios internacionais 67

A BUSCA POR OPORTUNIDADES DE NEGÓCIO 71
    Estratégia e estratégias: encontrando clientes ou fornecedores 72
    Fontes de oportunidade de negócio 78
    Ameaças e cuidados essenciais 82
    Entrando e operando em mercados globais 83

DEPOIS DAS OPORTUNIDADES – AVALIAÇÕES E REAVALIAÇÕES ... 87

- Tarefas essenciais nos negócios internacionais ... 88
- Marketing na empresa global ... 91
- Recursos humanos na empresa global ... 99
- Questões financeiras para a empresa global ... 104

EMPRESAS BRASILEIRAS E OS NEGÓCIOS INTERNACIONAIS ... 113

- Comércio exterior brasileiro: características essenciais ... 114
- Aduana, alfândega e controle aduaneiro ... 118
- Classificando as mercadorias ... 123
- Tributação e regimes aduaneiros ... 126

GLOBAL SOURCING, INTERMEDIÁRIOS, FACILITADORES E QUESTÕES OPERACIONAIS ... 133

- *Global sourcing* ... 134
- Intermediários ... 136
- Facilitadores ... 137
- Um pouco sobre a logística ... 138
- Algumas normas globais ... 143
- Riscos e implicações ... 145

SUGESTÕES DE LEITURA ... 147

BIBLIOGRAFIA ... 155

O AUTOR ... 159

Introdução

Os negócios internacionais sempre existiram. Desde a época que o homem se agrupava nos zigurates mesopotâmicos, habitantes das cidades-Estados trocavam entre si. Fenícios foram habilidosos comerciantes. Egípcios e romanos tinham trocas estabelecidas. Na Idade Média, essas trocas caíram e, com a Revolução Industrial, voltaram a crescer para nunca mais diminuir. Mais recentemente, o estabelecimento de organizações internacionais, como a Organização das Nações Unidas (1945) e seus órgãos, possibilitou uma estrutura institucional para diálogo e debate internacional como nunca. Na seara econômica e comercial, a reunião de Bretton Woods (1944) criou o Banco Internacional de Reconstrução e Desenvolvimento (Bird – responsável pela reconstrução dos países devastados pela Segunda Guerra Mundial), o Fundo Monetário Internacional (FMI – responsável por entender e prever as crises econômicas e, como consequência, evitar que um colapso como o de 1929 ocorresse novamente) e o Acordo Geral de Tarifas e Comércio (GATT – que estabeleceu bases até então inéditas para o comércio global). Os efeitos desses acordos foram sentidos não imediatamente na década de 1940, mas logo a seguir, e a segunda metade do século XX trouxe incontáveis mudanças para as relações e para os negócios internacionais.

Após o surgimento dessas organizações internacionais e dos acordos, seguiu-se uma imensa revolução nas tecnologias de comunicação e informação – em especial a partir das décadas de 1970 e 1980. Com isso, a qualquer momento, podem-se consultar jornais de outros países, comprar passagens aéreas para qualquer lugar do planeta ou mesmo checar nosso Facebook, Twitter ou Instagram. Em questão de poucos minutos, o YouTube recebe mais de 24 horas de vídeos e mais de 300 mil pessoas se candidatam a vagas diversas pelo LinkedIn. As informações chegam de forma instantânea. Como uma das consequências dessa nova realidade, empresas e organizações de variados tipos e portes passaram a operar com maior facilidade em mercados estrangeiros.

Foi por conta da evolução das tecnologias de comunicação e informação que o perfil dos participantes em negócios internacionais mudou. Enquanto no passado as operações como importação ou exportação eram restritas a grandes empresas, muitas delas com vários anos de história, hoje a internacionalização se tornou acessível a organizações de pequeno e médio porte, o que aumentou expressivamente a participação dessas empresas no cenário de negócios internacionais. Juntas, as tecnologias atuais permitem que uma empresa estadunidense de informática entregue um computador no Brasil após montá-lo na Malásia com peças vindas da Coreia do Sul, de Hong Kong e de Taiwan. Grande parte das fornecedoras de insumos para famosas marcas de vestuário, informática, cosméticos, perfumaria e alimentos são empresas de pequeno e médio porte, espalhadas por dezenas de países.

Nos anos recentes – e devido aos avanços tecnológicos –, tem-se tornado muito frequente que consumidores de todo mundo recorram a plataformas on-line para realizar diversos tipos compras. O e-commerce, cada vez mais presente no dia a dia – em especial no decorrer da pandemia de covid-19 –, permitiu não apenas que consumidores de um dado país passassem a comprar produtos de vendedores em todo o mundo, mas também mudou a lógica da concorrência: as lojas brasileiras, por exemplo, passaram a concorrer não só com outros comércios que ofertam os mesmos itens, mas com qualquer pessoa ou empresa do mundo que tenha o que o consumidor busca. Como consequência, surgiram novas oportunidades de negócio. A rapidez com que o mundo mudou nas últimas décadas tornou necessário um novo tipo de profissional: aquele que consegue olhar para a complexidade do mundo e enxergar uma lógica por trás de diferentes cores e formas. Da mesma maneira que se exige de administradores, contadores e advogados conhecimentos da área de negócios internacionais, se passou a exigir dos egressos de Relações Internacionais conhecimentos em gestão, marketing e sistemas legais.

Em paralelo a todos esses acontecimentos, rupturas e mudanças, o mundo acadêmico buscou entender a nova realidade que se formou. Para explicar tópicos de comércio, o mercantilismo deu o tom de políticas nacionais entre os séculos XIV e XVII, e o liberalismo de Smith e Ricardo nos séculos XVIII e XIX. No século XX, surgiram outros modelos explicativos, desde Heckscher-Ohlin em 1919 até a vantagem competitiva das nações em 1980. Hoje, alguns estudiosos dos negócios internacionais dedicam-se à compreensão das *startups* globais na área de finanças (*fintechs*), Direito (*lawtechs*) e até no agronegócio (*agrotechs*), e aos impactos que essas novas empresas de base tecnológica têm no comércio internacional, bem como no PIB das nações.

Para a internacionalização existem abordagens que afirmam que, num mundo tão plural, a expansão internacional da empresa surge a partir de um cálculo organizacional que considera a localização, a propriedade e as vantagens da empresa num outro país (Dunning, 1973). Uma outra visão busca explicar a decisão das empresas de buscar outros mercados a partir de sua proximidade com consumidores imediatos (Vernon, 1966). Há aqueles que enxergam a internacionalização como um processo de envolvimento internacional gradual, iniciado por exportações e tendo seu ápice na produção direta no exterior (Johanson e Valhne, 1977, 1990, 2009, 2017); ou como um processo empreendedor internacional (Oviatt e McDougall, 2005).

Seja qual for a teoria ou proposição adotada, nenhuma delas é suficiente para a compreensão de todo o amplo campo dos negócios internacionais. Atualmente, por exemplo, percebe-se que as *startups* estão mudando a lógica do mercado ao desbancar *players* estabelecidos há décadas. É o que fez um serviço de *streaming*, iniciado numa garagem, que levou à falência a maior rede de videolocadoras do mundo. É também o que ocorreu com uma empresa de tecnologia que passou a oferecer músicas individualmente sem que os consumidores precisassem comprar álbuns inteiros – e isso exterminou as tradicionais lojas de discos e CDs.

Quando pequenas e baratas motocicletas japonesas obtiveram grande sucesso nos Estados Unidos, onde os consumidores até então buscavam motos grandes e barulhentas; ou quando uma fabricante brasileira de aeronaves assume o terceiro lugar global em seu segmento, uma palavra surge: disrupção. Trata-se do surgimento de tecnologias mais baratas e acessíveis, que passam a ser compradas por pessoas que até então não adquiriam esses itens.

As *startups*, a internacionalização e a disrupção provocam novas revoluções nos negócios internacionais e tornam países cada vez mais interdependentes – é quase impossível viver economicamente isolado do restante do mundo. Países como Coreia do Norte e Cuba, cujo comércio internacional é restrito por uma série de sanções, acabam por ter um nível de vida relativamente baixo. A comparação da Coreia do Sul, plenamente inserida no cenário de negócios internacionais, com a vizinha do norte escancara essas diferenças: enquanto no sul a expectativa de vida é de 81 anos e o Índice de Desenvolvimento Humano (IDH) é de 0,877 – o 12º mais alto do mundo –, no norte a expectativa de vida é de 71 anos e o IDH está estimado em 0,766 – em 75º lugar dentre todas as nações.

Além de tudo isso, o tema dos negócios internacionais é especialmente relevante para o Brasil e para os brasileiros. Estima-se que na década de 1950 o Brasil fosse responsável por cerca de 2% do comércio global. Na década de 1990, o maior parceiro comercial brasileiro eram os Estados Unidos. Hoje, o percentual brasileiro no comércio internacional não chega a 1%, e o maior parceiro comercial do país é a China. Países territorialmente muito menores, como Espanha, Holanda, Bélgica, Arábia Saudita, Hong Kong, Cingapura e Taiwan, exportam muito mais do que o Brasil, que está na 26ª posição no *ranking* da Organização Mundial do Comércio (OMC). Há um claro potencial para muito mais do que isso, travado tanto pela burocracia aduaneira, do lado governamental, quanto pela falta de cultura exportadora do lado do empresariado.

Empresas como as espanholas, holandesas e belgas que se engajam em atividades de negócios internacionais tornam-se menos suscetíveis às oscilações econômicas de seu mercado doméstico. Além disso, a inserção das empresas em negócios internacionais permite a criação de novas sinergias com parceiros comerciais estrangeiros, gera economia de escalas e, em algumas áreas, permite que a empresa supere movimentos de sazonalidade em suas vendas. Como consequência, essas empresas empregam mais, geram mais riquezas e valor para as sociedades onde estão inseridas.

As empresas brasileiras, por outro lado, altamente dependentes do mercado doméstico, sentem de imediato o efeito de crises políticas ou econômicas internas, demitem e – muitas vezes – fecham as portas antes dos dois primeiros anos de atuação. Assim, mais do que ser necessário compreender o cenário de negócios internacionais, é preciso inserir as empresas brasileiras noutros mercados. Por isso, o presente livro aborda os negócios internacionais de uma forma que incentive o leitor a aplicar os conceitos aqui tratados, iluminando essa área tão central para as relações internacionais. A partir da compreensão dos temas tratados aqui, espera-se que o estudante, o pesquisador ou o interessado na área tenha um ponto de partida sólido para internacionalizar não apenas empresas, mas também a própria carreira.

A ESTRUTURA DO LIVRO

Este livro traz os elementos mais centrais dos negócios internacionais, e apresenta tais conteúdos de forma clara e didática. Apontam-se conceitos e aplicações e potenciais tendências para os temas que compõem os negócios internacionais. Busca-se aguçar a curiosidade além do interesse do leitor, e estimular a aplicação prática dos temas abordados aqui.

No primeiro capítulo, intitulado "Comércio internacional, Relações Internacionais e negócios", busca-se demonstrar que o comércio, os negócios e as Relações Internacionais (RI) são faces de um mesmo fenômeno, sendo todos – ao mesmo tempo – a causa e a consequência do processo de globalização. Ali, busca-se demonstrar como os negócios internacionais estão em toda parte e são a face *business* das Relações Internacionais. Sem Relações Internacionais não se fazem negócios, e sem esses negócios certamente não teríamos acesso à maior parte dos bens e serviços que temos hoje. É para entender melhor esse cenário que o primeiro capítulo abordará justamente essa relação. A partir da conceituação da internacionalização de empresas, expõem-se as maneiras pelas quais as empresas internacionalizam em ordem crescente de risco. Inicialmente, são apresentadas as exportações e as importações – formas menos arriscadas de internacionalizar. Na sequência, as franquias, os licenciamentos e as *joint ventures* são analisados e explicados, enriquecendo a temática com exemplos variados de sucesso e também de fracasso.

Compreendido o conceito de internacionalização, assim como as formas de se internacionalizar, apresentam-se as teorias de internacionalização. O esforço para teorizar a respeito da internacionalização de empresas é relativamente recente e inicia-se com o trabalho de John Dunning na década de 1960. Até então, abordavam-se muito mais aspectos econômicos das nações – como fizeram Adam Smith, David Ricardo e Heckscher-Ohlin – do que os aspectos empresariais. Foi a partir da expansão das empresas multinacionais no século XX, em especial a partir da década de 1950, que o interesse pela internacionalização germina.

Num primeiro momento, os autores da área preocupavam-se quase exclusivamente com as empresas multinacionais. Os primeiros trabalhos da área foram, justamente, dentro dessa temática. Nada mais natural, uma vez que essas empresas, com seus substanciais recursos, eram aquelas que dominavam o cenário de negócios. Aos poucos vão surgindo outras abordagens. Uma das mais famosas e aceitas, abordadas no tópico das teorias de internacionalização, é a chamada Teoria de Uppsala, proposta na cidade sueca em 1977. Seus autores, Jan Johanson e Erik Valhne, tratam a internacionalização como um movimento gradual das organizações para operações globais. Essa proposição foi feita após uma atenta observação das empresas suecas e de seu envolvimento internacional.

Outros premiados trabalhos da área, como a Teoria Evolucionária de Bruce Kogut e Udo Zander, assim como a visão da internacionalização como um movimento empreendedor de Benjamin Oviatt e Patricia McDougall, serão analisados e explicados também. Espera-se que o leitor questione, após a leitura desse tópico, qual dessas teorias é a mais aplicável. Essa resposta não é dada aqui, mas deve ser buscada por cada um a partir de suas próprias observações e convicções.

Da mesma forma que o primeiro capítulo trata das teorias de internacionalização, abordam-se também as teorias do Comércio Internacional. A primeira delas, sem um autor definido, é o mercantilismo. Amplamente adotado pelos países europeus a partir do século XIV, o mercantilismo incentivava o acúmulo de metais preciosos e a restrição à entrada de bens estrangeiros. Uma de suas ideias é que o poder de uma nação derivava da quantidade de metais preciosos em sua guarda. Essa lógica é questionada por Adam Smith, que não apenas inaugura uma nova era de pensamento econômico, como também se consagra como o grande nome do liberalismo. Smith propõe a teoria da vantagem absoluta das nações, que será analisada e comparada com a vantagem comparativa das nações do também economista David Ricardo. O trabalho de Heckscher-Ohlin é apresentado para que o leitor perceba as evoluções no pensamento do comércio internacional, que nos conduziram até um mundo em que as políticas comerciais das nações são restritas pelas regras globais aceitas no âmbito da Organização Mundial do Comércio (OMC).

O questionamento final do primeiro capítulo é sobre a probabilidade de que todas as trocas – sejam elas comerciais ou não, de bens, serviços, tecnologia, *know-how*, capital e até mesmo políticas e culturais – seriam possíveis sem a globalização. Esse termo amplamente utilizado acaba tendo um impacto tão profundo que poucos são capazes de defini-lo, e ainda carecemos de uma definição precisa. As consequências da globalização são levantadas ali. Teria a globalização exterminado as culturas? Estamos vivendo num mundo plenamente globalizado? As diferenças ainda importam? Essas inquietudes encerram esse capítulo, apresentadas à luz dos desafios contemporâneos.

A plena compreensão da internacionalização não basta, no entanto, para que se tenha uma visão completa sobre os negócios internacionais. A partir disso, o segundo capítulo, "O ambiente de Negócios Internacionais", busca demonstrar a pluralidade de condições que o profissional da área pode encontrar em suas incursões globais. Durante algum tempo, em especial com o fim da Guerra Fria e a queda da União Soviética, especulou-se que os Estados perderiam importância no cenário internacional. A realidade mostrou o oposto, e os Estados seguem sendo *players* muito relevantes, uma vez que produzem normas que restringem ou estimulam a atuação de empresas nacionais e estrangeiras em seus territórios. Esses Estados também participam – ou não – de acordos globais ou regionais de comércio que podem tanto criar entraves ou benefícios às atividades de negócios internacionais. Alguns desses Estados possuem características intervencionistas, assim como outros são mais livres e abertos. Quais as características mais arriscadas para os negócios internacionais? Quais políticas estatais encorajam as importações e as exportações? Essas respostas são apresentadas nesse capítulo.

Outra questão fundamental para os negócios internacionais são os aspectos culturais: as diferenças em hábitos e padrões de comportamento que podem afetar a maneira pela qual os consumidores consomem e preferem efetuar suas compras. Enquanto no Brasil, em especial nas grandes cidades, os shopping centers são pontos obrigatórios para grandes marcas, em algumas regiões da Ásia a preferência é por lojas em grandes ruas comerciais, que funcionam 24 horas por dia nos 7 dias da semana. Aqui o leitor compreenderá a necessidade de adaptar ou não produtos e serviços, e discutiremos quais itens necessitam da maior atenção dos profissionais de relações e negócios internacionais.

Em paralelo à necessidade de compreensão dos impactos das diferenças culturais nos negócios internacionais, é de grande importância que os profissionais da área saibam avaliar os riscos oriundos dos diferentes sistemas legais. Por isso, o subtema "Questões político-legais" aborda essas diferenças, explicando como questões de mercado são afetadas por desdobramentos daquilo que ocorre na seara legislativa, judiciária e política das nações. Ali, apresentam-se o presidencialismo, o parlamentarismo e o semipresidencialismo, assim como república, monarquia e totalitarismo, e o impacto de cada um desses sistemas no mundo dos negócios, analisando qual é mais e qual é menos arriscado para operações de internacionalização.

Para a compreensão efetiva do ambiente internacional de negócios, esse capítulo aborda o ambiente financeiro internacional. As trocas financeiras ocorrem para receber pelas exportações, pagar pelas importações ou para investir em distintas bolsas de valores ou empresas. Apenas o sistema Swift (Sociedade de Telecomunicações Financeiras Mundial) realiza mais de 42 milhões de transações por dia entre quase duas centenas de nações. A interconectividade financeira do mundo permite, no entanto, não apenas pagamentos e recebimentos ágeis; também acaba por permitir o rápido contágio de crises financeiras – como a que o mundo presenciou em 2008. Por isso, aqui se busca fornecer aos leitores uma visão ampla dos mais relevantes componentes do sistema financeiro global, para, na sequência, abordar o tema dos mercados emergentes.

Enquanto a segunda metade do século XX foi caracterizada, especialmente, por um bipolarismo antagônico entre Estados Unidos e União Soviética, a década de 1990 presenciou a ascensão da preponderância do G7, o grupo das sete nações mais industrializadas do mundo. Atualmente, esse pequeno grupo não dá conta de resolver as demandas econômicas globais ou de organizar fluxos financeiros. Por isso, há o G20: o grupo que congrega as 20 maiores economias do mundo. Estima-se que esses 20 países movimentem mais de 80% das riquezas globais. O G20 é composto pelo G7 e por mais 13 nações, a maioria mercados emergentes e em desenvolvimento. Após a crise financeira de

2008, o Fundo Monetário Internacional passou a chamar os países em desenvolvimento de "geradores globais de receita", por terem permitido um PIB global favorável mesmo num momento de recessão entre os membros do G7.

Consideram-se países em desenvolvimento, por exemplo, a Índia (com seu mais de um bilhão de habitantes), o México (atualmente mais industrializado que o Brasil), a África do Sul (país mais abastado de seu continente), a Turquia (cuja economia rapidamente recuperou as perdas da pandemia) e, é claro, a China, que nas últimas décadas abasteceu o mundo com seus produtos manufaturados.

A concorrência global, que se intensificou nas últimas décadas – seja em virtude das tecnologias de informação e comunicação que aproximaram compradores e vendedores independentemente de fronteira, seja pelo desenvolvimento de países até então pouco industrializados –, é um dos aspectos que estimularam países a criar blocos econômicos. Esses blocos, que surgiram como parte de processos de integração regional, são não apenas uma parte muito relevante dos negócios internacionais, como também podem colocar barreiras ou gerar incentivos ao comércio global.

Veja, por exemplo, o caso da União Europeia (UE): ainda com a saída do Reino Unido que oficialmente ocorreu em janeiro de 2020 no fim do chamado *Brexit*, o bloco continua sendo o caso mais bem-sucedido de integração regional. Há não apenas uma moeda única, o euro, como também um parlamento e banco central. As leis trabalhistas, previdenciárias e aduaneiras foram harmonizadas, de modo que as trocas comerciais são muito mais fáceis entre os países-membros do bloco. O Mercado Comum do Sul (Mercosul), composto por Argentina, Brasil, Uruguai e Paraguai, celebrou um acordo de livre comércio com a União Europeia que está, aos poucos, sendo ratificado pelos países dos dois blocos.

Esse acordo facilitará a entrada de produtos do Mercosul na União Europeia, e de produtos europeus nos países do Mercosul. Por isso, são apresentadas aqui as questões relativas à integração regional: para demonstrar o mar de oportunidades que a integração oferece.

É, também, para falar de oportunidades que o capítulo "A busca por oportunidades de negócio" coloca-se após o entendimento das questões relativas ao comércio internacional, à internacionalização e ao ambiente internacional de negócios. Essa parte da obra expõe uma das áreas mais centrais do *management* pela ótica dos negócios internacionais: a estratégia. Trata-se de um campo que, obviamente, tem seu início na área militar e, com o avanço da concorrência – em especial a partir da segunda metade do século XX – é utilizado pela área da gestão.

Tal qual ocorre com a área de Relações Internacionais, em que há diversas teorias explicativas, a estratégia também conta com escolas distintas que debatem as formas e as vertentes do fazer estratégico. Esse capítulo abordará, inicialmente, a origem da estratégia e os tópicos mais relevantes de cada uma das escolas. Por exemplo, foi a escola do design que criou uma das ferramentas mais utilizadas nesse campo: a matriz Swot. Na seção "Estratégia e estratégias: encontrando clientes ou fornecedores" são apontadas ainda as estratégias de replicação doméstica, multidoméstica, global e transnacional, diferenciando cada uma delas, e pontuando exemplos para enriquecer o aprendizado e a compreensão dos leitores.

As "Fontes de oportunidade de negócio" também são tratadas nesse capítulo em seção homônima, apresentando situações em que se podem identificar condições favoráveis para iniciar ou continuar um negócio. Aqui o leitor será familiarizado com oportunidades oriundas de mudanças políticas regulamentares, novas descobertas, mudanças demográficas e com a disrupção. As tecnologias da informação e comunicação, já abordadas no primeiro capítulo como importantes catalisadoras do processo de globalização, geraram não apenas novos *gadgets*, mas também permitiram um novo mundo de chances para internacionalizar. Nesse tópico, os leitores entenderão como isso ocorre.

Não basta, no entanto, que a estratégia organizacional para os negócios internacionais aponte uma direção para a internacionalização ao encontrar oportunidades. É necessário avaliar as ameaças e os cuidados essenciais, como será demonstrado na terceira seção. As condições políticas, o ambiente legal e as oscilações econômicas podem – ao mesmo tempo – constituir ameaças ou oportunidades. O que vai definir a forma de internacionalização, e até mesmo se a internacionalização e a negociação ocorrerão ou não, é a abordagem do profissional. Nesse tema, revisita-se a Teoria de Uppsala de internacionalização, que, ao gerar um modelo de internacionalização gradual, preconizou uma forma menos arriscada para as operações internacionais das empresas. De acordo com essa proposição, a internacionalização das empresas tende a iniciar por países mais próximos culturalmente por se considerar que essa proximidade se traduz em menores riscos operacionais.

Depois de todas essas avaliações, esse capítulo conduz ainda à entrada e à operação nos mercados globais. A escolha correta da forma de internacionalização, que depende da estratégia, das oportunidades e da avaliação das ameaças, é abordada nesse item. Com isso, espera-se formar no leitor uma visão ampla dos negócios internacionais a partir dos conteúdos de estratégia, mas firmemente ancorados em preceitos e questões fundamentais das relações internacionais.

No decorrer da leitura deste livro, os leitores perceberão a dinamicidade dos negócios internacionais. Não basta planejar uma vez as operações globais em um mundo que se transforma muito rapidamente. Por isso, o capítulo "Depois das oportunidades – avaliações e reavaliações" traz as funções e as tarefas essenciais para o sucesso dos negócios internacionais. Inicialmente, pode-se cogitar que o essencial é a estratégia – abordada no capítulo anterior.

O leitor perceberá que os negócios internacionais possuem necessidades que extrapolam o planejamento inicial, e devem ser ajustados e coordenados com demandas dos consumidores – analisadas pelo marketing e suas pesquisas. Os negócios internacionais devem ter sua viabilidade financeira constantemente avaliada e ser realizados por pessoas com as capacidades corretas para cada atividade. No caso das empresas brasileiras, o início da atuação em negócios internacionais ocorre frequentemente via exportações.

Nesses casos, há todo um trâmite burocrático a ser realizado junto aos órgãos de fiscalização e controle, nomeadamente a Receita Federal, que antecedem a internacionalização. Ainda com tantas questões e minúcias, ao leitor serão apresentadas as razões que fazem da internacionalização e da inserção em negócios internacionais algo tão vantajoso: num país em que a economia possui altos e baixos frequentes, é a inserção internacional das empresas o antídoto para a redução dos efeitos da sazonalidade que caracteriza alguns setores, ou mesmo para ter acesso a capital mais barato ou novas tecnologias. E neste ponto do livro, serão apresentadas as tarefas essenciais para o sucesso dos negócios internacionais, como a frequente avaliação e reavaliação de oportunidades, organização da empresa e monitoramento de resultados.

Aquelas organizações que falham nessas tarefas podem regredir: a desinternacionalização, entendida como o abandono das operações internacionais e retorno ao mercado doméstico, é frequente quando os desafios impostos pelos negócios internacionais são subestimados. Para evitar esse dissabor, esse capítulo abordará o marketing na empresa global. Trata-se de um conjunto de atividades de pesquisa e comunicação para entregar ofertas e compreender consumidores em todas as suas diferenças.

Em negócios internacionais, o marketing assume novas nuances e contornos, pois se torna igualmente internacional. Ali, apresentam-se os famosos quatro P do marketing (produto, preço, promoção e praça) com suas implicações. Nesse tópico, apontam-se a relevância da segmentação de mercado e os itens mais importantes a se considerar numa incursão noutro mercado, como fatores demográficos, comportamentais e, especialmente, culturais.

Também é nesse capítulo que são apresentados os recursos humanos na empresa global. Aqueles que atuam em negócios internacionais deparam-se frequentemente com uma variedade de culturas e modos de vida, assim como de pessoas provenientes de distintos locais. Compreender os aspectos de recursos humanos é altamente relevante para superar barreiras em relação a comunicação, modos de trabalho, recrutamento, seleção e gestão do patrimônio intelectual da empresa.

O desafio da gestão internacional de recursos humanos (GIRH) tem sido enfrentado por grandes organizações: empresas como Johnson

& Johnson ou Siemens possuem milhares de funcionários em pelo menos uma centena de países. Assim, seja trabalhando em grandes organizações, seja empreendendo internacionalmente, o profissional da área poderá conviver com nativos do país anfitrião para o qual a empresa internacionalizou, nativos do país de origem da matriz ou mesmo nativos de países estrangeiros. A convivência harmoniosa e o alinhamento de equipes que podem ser tão diversas são tarefas fundamentais da GIRH.

Na sequência, discorre-se sobre um tópico bastante negligenciado por uma série de organizações brasileiras: as finanças. Os leitores serão confrontados com a relevância da gestão de recursos financeiros pelo planejamento, crédito e financiamento das operações internacionais da organização. Temas como fluxo de caixa, balanço patrimonial e demonstração de resultado são apresentados de forma simples, para desmistificar a complexidade que, para muitos, torna a compreensão dos aspectos financeiros das organizações uma barreira quase intransponível.

Igualmente, os leitores conhecerão a relevância da estrutura de capital e da compreensão clara do ponto de equilíbrio para os negócios internacionais. Atualmente, considera-se uma organização saudável aquela cujo ponto de equilíbrio – situação na qual despesas e receitas se equivalem – se dá no mercado doméstico e os lucros provêm das operações internacionais.

Isso não é suficiente, no entanto, para os negócios internacionais. As empresas que buscam mercados estrangeiros possuem outra preocupação para suas finanças: as questões cambiais. Envio de dólares, recebimento de euros e pagamentos em libras esterlinas necessitam de operações cambiais. Nesse tópico, os leitores compreenderão o gerenciamento do câmbio e dos riscos cambiais, bem como a previsão de receitas e despesas.

Todas essas questões – desde a internacionalização até as operações cambiais, passando pelo planejamento, pelo marketing, pelos recursos humanos e pelas finanças – foram enfrentadas com sucesso por uma série de empresas brasileiras. Por isso, o penúltimo capítulo, intitulado "Empresas brasileiras e os negócios internacionais", apresenta as questões relativas ao comércio exterior do Brasil e suas burocracias. Nele, o leitor compreenderá a diferença entre comércio internacional e comércio exterior, e a partir de um breve histórico comercial brasileiro entenderá as raízes da burocracia que caracteriza o Direito Aduaneiro nacional.

Uma vez que importações e exportações são as formas de internacionalização menos arriscadas – como já adiantado no primeiro capítulo –, esse capítulo expõe como essas operações se iniciam de fato. Os registros da Receita Federal, o Sistema Integrado de Comércio Exterior (Siscomex) e os órgãos anuentes e intervenientes são apresentados de forma direta e simples. O Regulamento Aduaneiro (Decreto n. 6.759, de 5 de fevereiro de 2009), uma das normas mais importantes para as operações do comércio exterior brasileiro, assim como os documentos que devem acompanhar as operações de importação e exportação estão explicados ali.

Foi para superar dificuldades linguísticas e facilitar as transações comerciais que um sistema harmonizado para a classificação de mercadorias foi criado pela Organização Mundial das Alfândegas (OMA). O Brasil utilizou esse código por sete anos e, atualmente, a Nomenclatura Comum do Mercosul (NCM) está em vigor não apenas no Brasil, mas também na Argentina, no Uruguai e no Paraguai. A seção "Classificando as mercadorias" compreende as explicações sobre classificação fiscal de mercadorias, a chamada mercealogia.

A seguir, a presente obra aborda um dos aspectos centrais do comércio exterior brasileiro: a seção "Tributação e regimes aduaneiros" revela não apenas os tributos incidentes nas operações de comércio exterior – em especial nas importações –, mas também apresenta sua base de cálculo e os métodos da chamada valoração aduaneira. Os casos em que os tributos na importação não precisam ser pagos, e os casos de exportações tributadas também estão ali.

Por fim, o último capítulo, intitulado *"Global sourcing*, intermediários, facilitadores e questões operacionais", busca responder a uma inquietação daqueles que se defrontam com a realidade de negócios internacionais. Considerando que a maioria das organizações existentes no Brasil e no mundo são de pequeno e médio porte, há toda uma rede de intermediários e facilitadores que auxiliam na inserção internacional das organizações. Trata-se de operadores logísticos, despachantes aduaneiros, bancos, consultores e toda uma rede de apoio, com base no mercado interno e no mercado externo, que facilitam e estimulam as trocas internacionais.

É também nesse capítulo que se fala a respeito de uma estratégia bastante comum das empresas atuantes nos negócios internacionais da atualidade: o *global sourcing*, ou fornecimento global, que consiste na aquisição de peças ou insumos pelo mundo para montagem ou fabricação final na nação de interesse. Todas essas operações de negócios internacionais necessitam, também, de logística. Além do *global sourcing*, dos intermediários e dos facilitadores, o capítulo aborda a relevância das cadeias logísticas para a realização efetiva dos negócios internacionais. Aqui, o leitor será apresentado aos Incoterms, os Termos Internacionais de Comércio. Criados na década de 1930, esses termos promoveram a facilitação das trocas comerciais ao esclarecer as responsabilidades de compradores e vendedores.

Como o leitor perceberá, muitas das normas aduaneiras brasileiras não nasceram no Direito nacional, mas foram internacionalizadas a partir de acordos e tratados internacionais. Um dos mais importantes acordos para os negócios internacionais foi o Acordo Geral de Tarifas e Comércio (GATT). Atualmente, a base da Organização Mundial do Comércio (OMC), o GATT teve um importante papel na liberalização comercial global desde sua entrada em vigor em 1947. Por isso, há uma seção que se ocupa desse tema. Para encerrar a discussão sobre negócios internacionais, apresentam-se os riscos e as implicações que a atuação global pressupõe. Esses riscos, nomeadamente, risco comercial, risco econômico, risco cultural e risco país, são onipresentes. O que se pode fazer é aprender a lidar com eles e minimizá-los.

Considerando todos os temas abordados aqui, acredita-se que a estrutura deste livro permita aos leitores uma compreensão ampla e objetiva do fenômeno dos negócios internacionais. Trata-se de uma área desafiadora que, num mundo tão dinâmico e em constantes transformações, traduz a face *business* das Relações Internacionais.

Comércio internacional, Relações Internacionais e negócios

A todo momento, nos encontramos cercados pela globalização e pelos negócios internacionais. Desde os eletrônicos que se usam, as redes sociais em que se posta conteúdo até as fontes de entretenimento, tudo passa pelos negócios internacionais. As empresas estrangeiras que atuam no Brasil, assim como as empresas brasileiras que atuam no exterior, em algum momento de sua trajetória tomaram alguma decisão de negócios internacionais.

É exatamente disso que este capítulo trata: sobre como o comércio internacional, as relações internacionais e os negócios se relacionam, e sobre como se desdobram no dia a dia. O objetivo é entender quem são os participantes que fazem com que os negócios internacionais aconteçam e quais as operações principais de negócios internacionais.

Como será visto a seguir, os negócios internacionais realizam-se através de operações de internacionalização. Veremos aqui quais são essas operações, assim como quais suas principais vantagens e desvantagens. Por fim, o presente capítulo também aborda a globalização e como esse fenômeno tornou-se cotidiano para todos.

NEGÓCIOS INTERNACIONAIS – A FACE *BUSINESS* DAS RELAÇÕES INTERNACIONAIS

O comércio internacional compreende todas as trocas de mercadorias, serviços, *know-how* e capital realizadas entre países. Essas trocas são, em grande parte, feitas por empresas de vários portes e tipos. Os negócios internacionais são uma parte subjacente a essas trocas, e são a face *business* das Relações Internacionais (RI), por compreender todas as trocas que empresas distintas em diferentes países realizam. As atividades de negócios internacionais necessitam superar barreiras comerciais e tributárias, diferenças culturais e adaptar-se a aspectos regulatórios. Muito maiores do que apenas importação ou exportação, as atividades de negócios internacionais envolvem a internacionalização de empresas de forma ampla.

A internacionalização é uma das maneiras pelas quais os negócios internacionais acontecem. Toda vez que alguém vai ao shopping ou compra pela internet um produto de uma marca estrangeira, como uma calça jeans, uma camiseta polo, um perfume ou um cosmético, isso só é possível, pois essa empresa decidiu, em algum momento de sua trajetória, pela internacionalização.

Muitas vezes, não se percebe que a internacionalização está ao redor de todos e a todo o tempo, não nos damos conta da amplitude desse fenômeno no dia a dia de pessoas e organizações. Tudo passa pela internacionalização. Há aqueles que nunca importaram ou exportaram, por isso afirmam que não são impactados diretamente pelos negócios internacionais. Seja para uma pessoa que nunca esteve no exterior, seja para uma empresa que realmente nunca importou ou exportou, há uma grande chance de que os produtos utilizados no dia a dia da organização tenham vindo de fora do país.

É exatamente esse o caso do pão cuja matéria-prima principal é o trigo. O Brasil não produz por conta própria todo o trigo de que precisa, sendo necessário importar da Argentina e de outros países uma boa quantidade do grão para atender à demanda do mercado interno. Sendo uma operação internacional, essa importação é paga em dólar.

Logo, se o dólar se torna mais caro, o pão e outros alimentos que utilizam o trigo em sua composição – tais como as massas e até mesmo as bolachas recheadas – também encarecem.

Isso prova que a internacionalização é uma parte cotidiana da vida moderna, e muitos dos confortos diários seriam impensáveis sem ela. Em termos de definição para o processo de internacionalização, não há unanimidade entre os pesquisadores da área. Ainda assim, uma boa e simples definição é como o processo de envolvimento de indivíduos e organizações em operações internacionais. Sim, até mesmo indivíduos se internacionalizam: aqueles que buscam uma carreira internacional serão profissionais internacionalizados; assim como profissionais expatriados pelas empresas onde trabalham.

Ao dizer que a internacionalização é um processo, admite-se que ocorre em etapas distintas, ao longo de um período. Enquanto no passado a internacionalização era reservada apenas a grandes empresas que já haviam dominado seu mercado doméstico, hoje ela está acessível a empresas de todos os portes e tipos por conta das facilidades proporcionadas pelas tecnologias da informação.

Outro ponto de grande importância da internacionalização é que existem várias formas pelas quais ela acontece, e dificilmente um projeto de internacionalização pode se repetir para duas empresas diferentes – ainda que essas organizações sejam do mesmo setor. Exportações, importações, licenciamentos, *joint ventures*, franquias e investimentos estrangeiros diretos são formas de internacionalizar, cada qual com seus riscos, desafios e benefícios, como será apresentado a seguir.

FORMAS DE INTERNACIONALIZAÇÃO

As formas menos arriscadas de internacionalizar e a maneira pela qual organizações que nunca se engajaram em atividades internacionais tendem a começar suas operações globais são a exportação e a importação. A exportação consiste na saída de um bem ou serviço de um país para venda ou consumo em outro. Por outro lado, a importação é um processo fiscal para a entrada de um produto ou serviço de outro país para a nação de referência. Enquanto ao exportar envia-se algo para o exterior, ao importar se traz algo de lá. Diz-se que a importação é um processo fiscal, pois, no caso brasileiro, incide nessa operação uma série de tributos que devem ser pagos para que a mercadoria ou o serviço possam ser admitidos no país. Os produtos nacionais, quando exportados, são pagos em moeda externa – normalmente dólar. Ao importar, sai dinheiro do país para pagar pela compra realizada – e um produto ou serviço chega.

Normalmente, empresas que nunca se internacionalizaram tendem a começar suas operações internacionais ou pela exportação ou pela importação, por serem as formas menos arriscadas de envolvimento internacional. Isso ocorre, pois as exportações e as importações permitem a entrada gradual no mercado de destino. Por exemplo: vende-se numa quantidade pequena para analisar se o produto enviado será apreciado pelo consumidor externo. Na sequência, aumenta-se a quantidade e passa-se a operações mais vultosas.

O contrário também é válido: quando uma empresa brasileira importa algo para vender aqui, essa empresa só comprará esse item em grandes quantidades se tiver certeza de que o consumidor brasileiro o aceitará. Assim, tende-se a importar pequenas quantidades de algo no início das operações. Um importador brasileiro jamais tentaria vender aqui algo cujo uso ou consumo não seja provável, como carne canina congelada por exemplo.

É relevante dizer também que tanto exportações quanto importações podem ser "B2B" ou "B2C". B2B significa *business to business*, produtos vendidos por empresas para outras empresas. São insumos, matérias-primas, maquinários dos mais diversos. B2C significa *business to consumer*, quando um produto é vendido de uma empresa para um distribuidor ou consumidor final. Soja, minério, algodão, combustíveis e outros produtos desse tipo são B2B, afinal consumidores finais não importam toneladas de minério ou de grãos para consumo próprio. Esses itens são *commodities* que serão beneficiadas no destino.

Internacionalizar por importação e exportação tende a ser bastante vantajoso. A primeira vantagem desse método de internacionalização é que permite a entrada gradual da empresa nos mercados estrangeiros. Isso significa que a empresa exportadora ou importadora pode importar ou exportar em pequenas quantidades, que se tornam maiores e maiores até que se tenha a certeza de que esse produto ou serviço terá sucesso em seu destino.

Outra vantagem potencial é que quanto mais uma empresa exporta ou importa, mais ela tende a se engajar nessas operações. Isso se dá porque essas organizações aprendem com o passar do tempo. Por fim, pode-se apresentar como vantagem o baixo risco financeiro. Existem modernas formas de pagamento que deixam o risco de não receber pelo envio de um produto muito baixo (o famoso "calote"). Atualmente, a forma mais utilizada para pagamentos internacionais é a chamada carta de crédito – também conhecida como carta de crédito documentário. Um banco emite, a pedido de um cliente, uma carta que autoriza o pagamento de um valor a terceiro após o cumprimento de condições previamente combinadas.

Mesmo com tantas vantagens, também existem desvantagens e pontos negativos nas exportações e nas importações. A primeira delas é que, da mesma forma que as operações de importação e exportação permitem entrada gradual em outros mercados, essa entrada pode ser muito lenta, e pode demorar até que uma empresa aprenda a atuar no destino. A segunda desvantagem é a questão logística. Navios que saem do Brasil com direção à China levam cerca de 45 dias até chegar a seu destino. Em outras situações, são necessários vários meios distintos de transporte (os chamados *modais*) – rodoviário, ferroviário e marítimo –, o que deixa o transporte mais lento e custoso.

Por fim, importações e exportações são vulneráveis a oscilações cambiais e a tarifas. Isso significa que uma organização pode fechar uma importação com o dólar a R$ 2,00 e com a oscilação cambial, quando o pagamento ocorrer, o dólar pode estar a R$ 3,00. Isso tornaria a importação mais cara. O contrário pode ocorrer com as exportações: a empresa projeta um preço para ganhar R$ 3,00 a cada dólar e o real se valoriza, fazendo com que seu ganho caia para R$ 2,00 a cada dólar.

O mesmo ocorre com as tarifas. A empresa pode enviar produtos de forma costumeira para, digamos, os Estados Unidos. Os EUA podem, sem aviso, aumentar suas tarifas de entrada a esse item. Ou, caso a organização esteja importando algo, o governo brasileiro pode majorar os tributos, criar taxas ou tarifas que tornem sua importação mais cara. Essas oscilações cambiais e tarifárias exigem do profissional de negócios internacionais muita atenção ao cenário econômico e tributário dos países com os quais se fazem negócios.

As franquias – ou *franchising* – são outra forma de internacionalizar. Trata-se de uma estratégia de expansão de vendas através da venda de licenças ou forma de se explorar uma atividade. As franquias iniciam-se com um contrato entre dois lados: o franqueador, que detém uma marca, um método de produção de algo ou uma rede de lojas; e o franqueado, a pessoa autorizada a explorar marca, método de produção ou rede de lojas num determinado lugar.

Muitas vezes, aqueles que desejam iniciar o próprio negócio podem ter dificuldades iniciais na criação de um produto ou serviço, desenvolvimento de marca e consolidação da própria reputação. Uma saída para esses empreendedores pode ser buscar marcas e modelos já reconhecidos no mercado e aceitos pelos consumidores. Criar uma empresa, desenvolver um produto e aprimorar uma marca é algo que leva tempo e nem sempre tem um resultado positivo. Por isso, podem-se utilizar as franquias.

Para o franqueador, essa forma de internacionalização permite a expansão da marca em vários locais do mundo ao mesmo tempo. Para o franqueado, é a chance de explorar uma atividade de forma autônoma sem os riscos de começar do zero. Muitas redes de *fast-food* expandiram-se pelo mundo através da estratégia de uso de franquias.

Enquanto as exportações e as importações, por exemplo, são vulneráveis a tarifas e oscilações cambiais, as franquias não o são. Essa é uma de suas vantagens. Outras vantagens ligam-se ao custo relativamente baixo da compra e exploração de uma franquia, e ao aprendizado e sinergias envolvidos no processo.

As desvantagens, por outro lado, envolvem as potenciais dificuldades de controlar aquilo que o franqueado faz. Um franqueado mal-intencionado ou mal supervisionado pode "queimar a marca" da franquia com atendimento ruim ou fornecendo produtos ou serviços não aprovados pelo franqueador. A segunda desvantagem deriva dos potenciais conflitos dessa relação: o franqueado pode querer ofertar algo na franquia que não seja aprovado pelo franqueador. Para as franquias, padronização é essencial, e dessa necessidade podem surgir desentendimentos. Algumas redes possuem metodologias próprias para a adaptação. Nas cadeias de *fast-food*, por exemplo, as alterações de itens de menu – sujeitas à disponibilidade de produtos frescos no local onde a franquia opera – precisam passar pela aprovação da matriz.

Da mesma forma que começar uma empresa com uma marca já conhecida é mais fácil do que iniciar tudo do zero, muitas vezes atrelar um produto da organização a um personagem, um símbolo ou um nome conhecido torna-o mais atrativo ao grande público. É aqui que os licenciamentos se apresentam como uma possibilidade enquanto forma de internacionalização. Relativamente semelhantes às franquias – que costumeiramente envolvem marcas e métodos –, o licenciamento permite que o licenciado utilize uma determinada imagem ou símbolo de terceiro num produto feito por ele. A relação do licenciamento é contratual, envolve licenciador e licenciado, e descreve pormenorizadamente os produtos que podem ser produzidos com a marca ou personagem em questão. Um exemplo de licenciamento pode ser o caso em que o dono de uma fábrica de brinquedos criou personagens que não conquistaram as crianças, seu público-alvo. Para aumentar suas vendas, essa empresa pode buscar o licenciamento da Marvel para produzir bonecos dos Vingadores, já conhecidos do grande público. Esses produtos contam com etiquetas que afirmam algo como "*licenced by*" (licenciado por) e acabam sendo conhecidos como "produtos oficiais".

Os licenciamentos aumentam as chances de sucesso das empresas justamente por aliá-las a personagens ou símbolos de renome ou fama. Uma empresa brasileira de papéis pode, por exemplo, obter o licenciamento da Netflix ou Disney para estampar na capa de seus cadernos a imagem ou desenho de alguma série ou filme. Essa possibilidade aumenta a visibilidade e a aceitação do produto, especialmente quando utiliza imagens de filmes ou séries vistos no momento.

Desenhos brasileiros tiveram muito sucesso no exterior através do licenciamento. É o caso da Turma da Mônica ou da Galinha Pintadinha. Outras empresas brasileiras conseguiram aumentar exponencialmente suas vendas obtendo licenciamentos de marcas estrangeiras. É o caso de quem fabrica os bonecos da Disney ou as roupas do UFC. A própria Coca-Cola, reconhecidamente uma empresa do setor de bebidas, permitiu o uso de sua marca para a confecção de vestuário destinado ao público jovem.

A primeira e mais clara das vantagens dessa forma de internacionalização é o aumento da visibilidade do produto. A segunda vantagem é o baixo investimento. Aquele que produz e vende um item licenciado não efetua um grande aporte de capital, e remunera o dono da imagem através de um percentual sobre as vendas – os chamados *royalties*. A desvantagem, por fim, reside em licenciar um personagem ou símbolo a um parceiro de negócios incapaz de produzir algo corretamente ou sem a qualidade devida. Para evitar esse tipo de dissabor, muitos contratos de licenciamento exigem o envio frequente de peças ou produtos do licenciado para a conferência do licenciador. Outra desvantagem pode ser a não renovação do contrato após o período ali estipulado. Nesse caso, o licenciado deixa de produzir e comercializar os itens com a imagem ou marca que utilizava e precisa buscar outro parceiro para licenciamento.

Além de exportação, importação, franquias e licenciamentos, há as *joint ventures*. Todo empreendimento possui riscos, e internacionalmente esses riscos são ainda maiores por conta das diferenças em cultura, idioma e hábitos dos consumidores. As *joint ventures* permitem a divisão dos riscos entre dois ou mais parceiros comerciais, buscando dissipá-los entre os participantes da operação de internacionalização.

Por definição, as *joint ventures* são empreendimentos conjuntos entre empresas para explorar uma determinada oportunidade de negócios.

As *joint ventures* podem ocorrer entre duas ou mais empresas de um mesmo país que buscarão oportunidades no exterior. Podem ocorrer também entre uma empresa de um país e outra empresa de um segundo local para explorar em conjunto uma oportunidade numa terceira nação. Ou, por exemplo, uma empresa brasileira aliar-se a uma empresa alemã buscando explorar uma oportunidade na Alemanha.

As *joint ventures*, tal qual os licenciamentos e as franquias, são celebradas através de contratos, nos quais as obrigações de cada uma das partes ficam claramente estabelecidas. Anos atrás, uma empresa portuguesa do ramo de telefonia aliou-se a uma empresa espanhola do mesmo setor para, no Brasil, constituir uma operadora. No contrato da *joint venture* constavam as responsabilidades de cada uma delas: a empresa portuguesa era responsável pelo marketing e pelas questões de recursos humanos, enquanto a parceira espanhola responsabilizou-se por operações e finanças.

Há ainda outras vantagens das *joint ventures*, além da divisão dos riscos e custos das operações internacionais. Eventualmente, a empresa "A" possui um conhecimento ou uma tecnologia que a empresa "B" não possui; e a empresa "B" pode deter excelência operacional numa área em que a empresa "A" possua dificuldades. A vantagem é esse compartilhamento de conhecimentos e sinergias, que gera aprendizados para ambos os lados. Às vezes, uma *joint venture* pode ser a única forma de se entrar em mercados internacionais, se as empresas que fazem parte do acordo não possuírem condições de internacionalizar individualmente. Além disso, ao buscar uma empresa do país de destino da internacionalização para uma parceria, pode-se aproveitar o conhecimento desse parceiro comercial a respeito de seu mercado interno, além de questões que estrangeiros levariam muito tempo para entender.

Por outro lado, as desvantagens incluem justamente o compartilhamento: a empresa "B" pode apropriar-se da tecnologia da empresa "A" e tornar-se um concorrente no futuro. Outra desvantagem é que os lucros – tal qual os riscos – também são compartilhados. Por fim, os parceiros de *joint venture* podem se desentender por variadas razões, e o negócio pode ser desfeito antes de trazer benefícios às partes envolvidas. Todas essas situações permitem afirmar que as *joint ventures* são formas de internacionalização de risco intermediário.

A forma mais arriscada de internacionalizar é pelo investimento estrangeiro direto. Tomem-se como exemplos algumas montadoras de automóveis. Aquelas cuja matriz fica ou na Alemanha ou na Itália ou nos Estados Unidos, e que possuem filiais no Brasil. Essas empresas, em algum momento de sua trajetória, fizeram um investimento estrangeiro direto (IED) que pode ser chamado também de investimento direto no exterior (IDE).

Isso significa que uma quantidade substancial de capital deixa o país de origem com destino a uma outra nação, na qual essa empresa busca se estabelecer fisicamente. O IED/IDE é usado para construir fábricas, comprar empresas locais ou mesmo para fusões. Empresas que realizam esse tipo de operação possuem grande interesse no mercado de destino e, certamente, acreditam que os lucros e os benefícios desse tipo de operação superam os riscos inerentes a esse processo.

Absolutamente toda empresa estrangeira que está fisicamente instalada no Brasil efetuou IDE em algum momento de sua trajetória. Por conta do envio de capital e recursos diretamente a outra nação, se diz que essa é a forma mais arriscada de internacionalização. Quando se exporta, por exemplo, caso ocorra algo imprevisto no mercado de destino – seja ele econômico, seja uma reviravolta no ambiente político –, as operações param. Quando o país no qual se abriu uma franquia passa por um momento econômico delicado, e a rentabilidade da franquia diminui, a queda nos lucros é dividida com o franqueado.

Por outro lado, quando se realiza IED, e o país que recebeu os investimentos entra em crise, não há como simplesmente se desfazer da operação de forma ágil, vendendo ativos e liquidando passivos para abandonar o país. É exatamente por essa situação que empresas só internacionalizam dessa maneira quando realmente acreditam no potencial do mercado de destino; quando o mercado consumidor é amplo; e quando o local ofereça algum tipo de vantagem para a instalação de uma empresa. Por condições econômicas favoráveis, boa quantidade de potenciais consumidores, pouca concorrência ou eventuais benefícios fiscais obtidos junto ao governo do país receptor, o IED marca a presença física da empresa no país de destino.

Ao contrário do que ocorre com as exportações, em que muitas vezes se depende de um distribuidor que vai colocar o produto em lojas, mercados ou pontos de venda; e ao contrário do que ocorre com as franquias, nas quais muitas vezes se depende do bom trabalho do franqueado, na internacionalização via IED a própria empresa mantém o controle de suas operações no país de destino. Essa é a principal vantagem dessa forma de internacionalização. Um outro ponto bastante vantajoso é que, quando se exporta, os produtos ficam vulneráveis a oscilações cambiais e a tarifas e tributos. Ao produzir algo diretamente no exterior, isso não ocorre, pois a empresa já está fisicamente no país de destino e não precisa pagar as tarifas que pagam os importadores. A terceira grande vantagem é o fato de que o IED permite um aprendizado muito mais rápido sobre o mercado de destino, sobre as preferências dos consumidores e sobre as características gerais do país. Esse aprendizado possibilita o lançamento de novas linhas de produtos ou adaptações eventuais.

Como ponto negativos dessa forma de internacionalização está o risco maior. Se o país de destino passa por uma reviravolta política, social ou econômica, é muito mais difícil para a empresa que está fisicamente ali se retirar desse mercado. Merece destaque também a complexidade de se gerenciar operações no exterior, e em mais de um país. Diferenças em idioma e fuso horário podem atrapalhar, assim como questões culturais mal compreendidas. Por fim, outra desvantagem do IED é a quantidade de recursos envolvida. Normalmente, são valores bastante altos para esse tipo de internacionalização.

TEORIAS DE INTERNACIONALIZAÇÃO

No passado, buscava-se entender não a internacionalização em si, mas o comércio internacional e as vantagens dos países nessas trocas.

Foi a partir da década de 1960 que muitos teóricos passaram a se debruçar sobre o tema da internacionalização para entender como se dá sua ocorrência. No início das discussões sobre a internacionalização de empresas, chamou a atenção de estudiosos da área o investimento estrangeiro direto, e muitas atenções acadêmicas voltavam-se para as empresas multinacionais.

Foi em 1960 que o economista canadense Stephen Hymer defendeu sua tese de doutorado, intitulada *The International Operations of National Firms: A Study of Direct Foreign Investment* (As operações internacionais de empresas nacionais: um estudo do investimento estrangeiro direto), publicada em 1970. O questionamento de Hymer era se a internacionalização via IED ocorria da mesma forma do que os fluxos internacionais de capital. Ao se referir a fluxos internacionais de capital, o autor abordava os investimentos em bolsas de valores. Sabe-se que tais investimentos buscam retornos no curto prazo e são de alto risco. Quando se compram ações de uma empresa, oscilações de demanda no setor de atuação dessa organização, escândalos envolvendo seus dirigentes ou problemas com os produtos e serviços da companhia fazem com que os valores das ações caiam. Por outro lado, quando os lançamentos são bem aceitos pelo consumidor, quando a empresa prospera e atinge bons níveis de lucratividade, suas ações encarecem.

Procurando entender se a internacionalização de empresas seguia essa mesma lógica, Stephen Hymer realizou sua pesquisa. Como o próprio Hymer afirma (1970), recursos são transferidos entre países buscando melhores taxas de juros. Se um determinado país tem altas taxas de juros, recursos são colocados ali por investidores internacionais buscando a remuneração que essa taxa oferece. O que Hymer constata é que a internacionalização não segue essa dinâmica do mercado de ações e que as empresas internacionalizam via IED para explorar a concorrência imperfeita nos mercados para os quais se destinam. Isso significa fornecer maiores quantidades de produtos e serviços em locais onde a demanda é maior do que a oferta, e os retornos da internacionalização – ao contrário dos investimentos em ações – não são a curto prazo.

Outra constatação de Hymer é que as empresas buscam outros países para se apropriar melhor dos retornos que estar fisicamente no exterior pode proporcionar. Por exemplo: um produto exportado paga tarifas de importação ao chegar ao seu destino. Ao estar fisicamente no exterior, produzindo lá, a empresa não precisa se preocupar com esse tipo de tarifa. É a essa possibilidade que Hymer nomeia de "vantagem de propriedade". Ao realizar o IED, portanto, a empresa possui largas vantagens sobre seus concorrentes que apenas exportam para aquele mercado.

Uma outra vantagem é permitir que a própria empresa se organize no mercado estrangeiro, sem precisar depender de intermediários ou franqueados para estar ali. Isso daria à empresa que internacionaliza via IED maior segurança sobre seu investimento. Essa foi a primeira teoria de internacionalização. A propriedade direta de ativos no exterior dá à empresa um controle maior de sua operação, e permite que seu aprendizado com o mercado consumidor local ocorra de forma mais rápida.

Seis anos após defesa da tese de Hymer, o economista estadunidense Raymond Vernon publicou aquela que seria conhecida como a segunda teoria de internacionalização, chamada de Teoria do Ciclo de Vida do Produto, originalmente publicada sob o título de *International Investment and International Trade in the Product Cycle* (Investimento internacional e comércio internacional no ciclo do produto).

Essa teoria explora o chamado ciclo de vida do produto, que consiste em quatro etapas: introdução (na qual o produto é lançado), crescimento (em que suas vendas evoluem por algum período), maturidade (quando o produto já não pode ser considerado inovador ou diferente dos demais, e todos ou quase todos os consumidores que gostariam de adquirir o item já o fizeram) e declínio (quando ninguém mais compra o item e as vendas diminuem até o zero).

Na fase de introdução, os produtos tendem a ser mais inovadores e mais caros. Nesse momento, para Vernon, os itens seriam produzidos em países desenvolvidos, onde há disponibilidade de mão de obra qualificada para produzir itens novos e pessoas com poder aquisitivo suficiente para adquiri-los. Na sequência, conforme as vendas aumentam e o item torna-se mais padronizado, a produção pode ser transferida para um local onde seus custos sejam mais baixos. Conforme o produto cresce e atinge sua maturidade, a produção deixa de necessitar de mão de obra altamente especializada e o preço do item cai. Isso permite que o produto possa ser enviado a países onde o poder aquisitivo é menor. Por fim, quando o produto atinge o declínio, a empresa simplesmente deixa de fabricá-lo. É o caso do videocassete, muito usado no passado e não fabricado já há algumas décadas.

A teoria de Vernon ganhou amplo destaque, e cada vez mais a internacionalização passou a ser alvo de discussões e pesquisas. Pode-se afirmar que um de seus acertos foi considerar os países mais desenvolvidos produtores de tecnologia e inovação. Produtos novos e inovadores precisam, para ser criados, de pesquisa, desenvolvimento e capacidade técnica; o que é mais comum em países desenvolvidos nos quais existe uma quantidade maior de centros de pesquisa. Atualmente, por óbvio, muita coisa mudou nesse cenário. Países menos desenvolvidos podem gerar inovações em várias áreas, e as *startups* são prova dessa possibilidade.

Outro ponto relevante do trabalho de Vernon é que esses produtos inovadores e diferenciados, quando lançados, são mais caros do que o que há no mercado. Como consequência, necessita-se de consumidores com um poder aquisitivo suficientemente elevado para que esses itens sejam vendidos. Há quem afirme que pessoas de mais alto poder aquisitivo são, também, aquelas de maior formação e capacidade técnica. Para Vernon, esses seriam os consumidores dos países mais desenvolvidos.

Anos após o trabalho de Vernon, em 1977, dois professores da Universidade de Uppsala, na Suécia, desenvolveram uma teoria – conhecida como Teoria de Uppsala – que teve tanta aceitação que passou a ser conhecida como "o modelo normal de internacionalização". Jan Johanson e Jan-Erik Vahlne estudaram algumas empresas suecas e perceberam que sua internacionalização ocorreu de forma gradual. Primeiramente, as empresas, que não tinham atividades internacionais, internacionalizaram via exportações. Essas exportações se tornaram mais e mais frequentes, até que um agente de vendas foi contratado para organizar o mercado externo. Na sequência, a empresa passava a contar com uma subsidiária de vendas e, por fim, com uma subsidiária de produção no mercado de destino. Esse modelo será revisitado posteriormente.

Além da gradualidade dessa previsão, outro ponto relevante da Teoria de Uppsala é o que os autores chamaram de distância psíquica e ordem cronológica da internacionalização. Para Johanson e Vahlne, as empresas internacionalizam primeiro para países que são culturalmente mais próximos do seu, por conta do entendimento das características do mercado e de seus consumidores. Ainda que tenha sido publicada originalmente em 1977, a Teoria de Uppsala foi revisitada em 1990, 2000, 2009 e 2017 pelos seus autores originais, que trouxeram novas contribuições e aportes teóricos nas novas publicações.

Após a publicação original da Teoria de Uppsala, o economista britânico John Harry Dunning lançou uma das publicações de maior impacto para a área em 1980, intitulada de *Paradigma eclético*. Para Dunning, a internacionalização ocorre pela conjugação de três fatores: *ownership* (propriedade), *location* (localização) e *internalization* (internalização). De acordo com o autor, as empresas acessam outros mercados após realizar uma vasta gama de cálculos que envolvem essas três variáveis, numa conjugação que possa trazer à organização maior vantagem competitiva. O *ownership* se refere à propriedade de ativos no exterior, assim como à necessidade do controle das operações internacionais pela própria empresa. Em algumas situações, o produto que a empresa manufatura é altamente técnico, ou a vantagem da organização reside justamente na propriedade desse conhecimento. Nessas situações, a internacionalização levaria em conta a necessidade de propriedade no exterior. Muitas vezes não se consegue apenas explicar a internacionalização de uma empresa a partir de sua preferência pela propriedade de um ativo no exterior, e torna-se necessário agregar à questão do *ownership* outras explicações, como a internalização de custos e operações e a localização escolhida para operar noutro país.

A localização não se refere somente ao local onde a empresa vai operar ou ao país para o qual internacionalizará, mas a quais vantagens um dado local pode trazer. Podem ser incentivos governamentais, baixa ou nenhuma concorrência, acesso a capital ou a utilização de mão de obra ou insumos mais baratos. As empresas tendem a buscar vantagens de localização, além das vantagens de propriedade. Por fim, a decisão pela internacionalização passa pela internalização – além de propriedade e localização. A internalização de custos e operações refere-se à possibilidade de que negociar com um parceiro no exterior ou monitorá-lo pode ser custoso e complexo e, em vez de despender tempo e recursos nesse acompanhamento, a empresa internaliza as atividades que um parceiro faria no exterior.

Por exemplo: uma determinada organização percebe que gastará muito com a distribuição de seu produto num dado mercado e, em vez de contratar um parceiro para distribuir os itens, a empresa cria sua própria rede e sistema de distribuição. Em algumas situações, a internalização de algumas atividades pode ser mais vantajosa do que a relegar a algum parceiro. Noutras situações, internalizar atividades pode requerer a criação de todo um departamento com custos que se tornariam proibitivos.

Para Dunning, é o estudo dessas três variáveis, *ownership*, *location* e *internalization*, numa combinação que gere maior vantagem competitiva para a empresa, que pode explicar não apenas a internacionalização, mas também as razões pelas quais empresas de setores semelhantes internacionalizam de forma completamente diferente.

O tema da internalização não parou no trabalho de Dunning, e foi também alvo dos economistas britânicos Peter J. Buckley e Mark Casson. Os autores ganharam destaque com a publicação de 1976, revisada em 1992, *The Future of the Multinational Enterprise* (O futuro da empresa multinacional), na qual buscam explicar o crescimento exponencial dessas empresas a partir da segunda metade do século XX.

Buckley e Casson percebem que as empresas podem maximizar seus lucros internalizando atividades desempenhadas por intermediários, de forma a ter a propriedade dessas operações. Essa internalização de atividades daria origem às multinacionais, que tenderiam a lucrar mais em mercados imperfeitos. Os autores apontam cinco tipos de imperfeições de mercado, que vão desde a intervenção governamental através de tarifas até a falta de conhecimento dos compradores sobre os itens ofertados.

As empresas escolheriam sua forma de internacionalizar – se, por exemplo, via licenciamento ou investimento estrangeiro direto – a partir da estrutura dos mercados nos quais operarão. Até mesmo a comunicação foi considerada por Buckley e Casson (1992) um fator que pode deixar a empresa menos eficaz. Os autores apontam como um fator crítico de sucesso a facilidade ou a dificuldade em se difundir os conhecimentos da empresa em outro país. Quando se tornasse muito caro ou arriscado comunicar dados e projetos com potenciais parceiros, a empresa deveria internalizar a atividade que o parceiro faria.

O teórico organizacional estadunidense Bruce Kogut e o teórico organizacional sueco Udo Zander publicam, em 1993, um premiado trabalho que trata do aspecto do conhecimento, *Knowledge of the Firm and the Evolutionary Theory of the Multinational Corporation* (Conhecimento da empresa e a teoria evolucionária da corporação multinacional). Os autores explicam que as opções escolhidas pelas empresas para internacionalizar dependem do quão fácil ou do quão difícil é transferir seus conhecimentos.

Muitas vezes, o produto que a empresa fabrica é complexo demais para ser internacionalizado apenas via exportações, e terceirizar sua produção significaria entregar projetos e potenciais vantagens competitivas a outras organizações. Em casos assim, as empresas optariam por internacionalizar via investimento estrangeiro direto, mantendo o *ownership* de seus ativos intelectuais. De toda forma, o que explica a escolha do modo de internacionalização para Kogut e Zander é a facilidade na transferência do conhecimento.

Como se pode notar, a internacionalização possui várias teorias que buscam explicar como o fenômeno acontece e quais as escolhas organizacionais que a motivam. Além dessas teorias, existem outras que afirmam ser a internacionalização um processo empreendedor (McDougall e Oviatt, 1994). Seja qual for a teoria, deve-se ter em mente que nenhuma delas será inteiramente suficiente para explicar todos os casos ocorridos num mundo tão complexo. Da mesma forma que existe a tentativa de explicar a internacionalização de empresas, tenta-se explicar a lógica do comércio internacional. Esse é o tema que veremos logo adiante.

NEGÓCIOS INTERNACIONAIS – PARTICIPANTES E CARACTERÍSTICAS

Enquanto os negócios internacionais envolvem as trocas e os acordos realizados entre empresas localizadas em distintos países, o comércio internacional compreende todas as trocas de mercadorias, serviços e *know-how* realizados entre as nações. Exemplos podem ser os aviões da Embraer montados no Brasil com peças vindas da França, Estados Unidos, Japão e Bélgica, e exportados para todo o mundo. Ou, ainda, os serviços de transporte de mercadorias em grandes navios que cruzam os mares, ou serviços bancários responsáveis pelos fluxos globais de capital. Pode-se afirmar que são os negócios internacionais que movimentam o comércio internacional.

O comércio internacional tem como maior exportador do mundo a China, seguida pelos EUA. Os chineses conquistaram a primeira posição em 2009, e desde então os Estados Unidos estão na segunda colocação. O terceiro maior exportador do mundo é a Alemanha, e o quarto é o Japão. O Brasil ocupa a 26ª colocação no *ranking* de exportadores, perdendo para países geograficamente muito menores, como Bélgica, Holanda e Cingapura. As atividades do comércio internacional, bem como suas regras gerais e disputas comerciais, são monitoradas pela Organização Mundial do Comércio (OMC).

Em grande parte, são as empresas que – ao realizar atividades de negócios internacionais – movimentam o comércio global. Existem pequenas e médias empresas que fabricam alguns itens e, então, vendem tais produtos a clientes fora de seu país de origem, através das exportações. O contrário também pode ocorrer: empresas que importam insumos, matérias-primas ou itens específicos para usar em sua produção ou para vender em seu país. Essas são as chamadas empresas internacionalizadas, e são – em grande maioria – de pequeno e médio porte. Uma parte significativa dos negócios internacionais é realizada por esse tipo de organização.

Por outro lado, existem as grandes corporações. São empresas cuja matriz fica num país – digamos, a Alemanha – e que possuem filiais espalhadas pelo restante do mundo. Nesse caso, a filial brasileira manufatura aqui os itens que serão vendidos em nosso mercado e, ao final de um ano, envia um percentual de seus lucros para a matriz alemã. Em contrapartida, a matriz alemã envia projetos desenvolvidos lá para que sua filial brasileira os execute. Quando uma empresa possui uma matriz em um país, e filiais espalhadas pelo resto do mundo, essa empresa é chamada de multinacional.

As empresas multinacionais circulam mercadorias, capital, *knowhow* e pessoas pelo mundo todo. Exemplos podem ser as montadoras, como a francesa Renault ou a japonesa Toyota; as empresas de tecnologia, como a estadunidense Intel ou a coreana Samsung; ou ainda do ramo alimentício, como a suíça Nestlé, a espanhola Fini ou a estadunidense Mondelez; ou de produtos diversos – desde higiene pessoal até rações para cães e gatos –, como a inglesa Unilever.

Algumas dessas multinacionais fornecem produtos específicos para certos mercados. Por exemplo, no Japão, tanto a Coca-Cola quanto a Pepsi ofertam uma ampla gama de chás, não comercializados em outros mercados. No Brasil, a Coca-Cola oferta refrigerante com sabor Guaraná, e nos EUA, refrigerantes com sabores de cereja ou baunilha. A adaptação de produtos e serviços, feita por essas empresas, serve para melhor atender aos consumidores locais, e será vista adiante.

As empresas multinacionais são altamente comprometidas com os negócios internacionais, e muitas delas possuem um faturamento no exterior muito maior do que em seu mercado de origem. Outro ponto relevante é que essas organizações fazem circular capital e pessoas pelo mundo. É o caso da remessa de lucros do país da filial ao país da matriz, ou a expatriação de funcionários para trabalhar em projetos específicos.

Eventualmente, essas empresas são alvo de críticas, pois algumas delas tornaram-se tão grandes no decorrer dos tempos que sua atuação passou a ser bastante predatória. Existem casos de empresas de grande porte que pressionaram governos locais de países em desenvolvimento para afrouxar regras trabalhistas e retirar restrições à sua atuação. Muitas dessas nações, por contar com poucas fontes de produção, desenvolvimento e emprego, acabaram cedendo a essa pressão. Outras pressionaram países para diminuir as regras ambientais permitindo desmatamento, despejo de rejeitos não tratados e poluição desenfreada.

Outro ponto relevante a respeito dessas empresas é que algumas delas – como o Walmart, o Santander e a Sony – possuem um faturamento anual que pode ser maior do que o PIB de diversos países. Há quem enxergue esse faturamento tão elevado como uma ameaça à soberania das nações.

Além das empresas internacionalizadas – que importam e/ou exportam sem ter sede física em outros países – e das empresas multinacionais, os anos recentes viram nascer um outro tipo de organização: as chamadas *born globals* ou empresas nascidas globais. Trata-se de empresas que, nos primeiros três anos de existência, obtêm pelo menos 30% de seu faturamento vindo de países de, no mínimo, três continentes diferentes. Muitas dessas empresas são do setor de tecnologia, como foi o caso do Facebook ou do Google, e rapidamente conquistam mercados diversos por todo o mundo. Alguns autores e empresários chamam as *born globals* de *startups* globais, o que não está errado. As *born globals* são empresas iniciantes no mercado, mas altamente promissoras. Ainda que possam atuar nos mais variados setores – do ramo alimentício ou da manufatura –, essas organizações possuem algo em comum: a inovação, em produtos, serviços ou processos produtivos.

O comércio internacional é, portanto, movimentado por empresas de vários tipos situadas nos mais diversos países. Empresas vendem aquilo que fabricam e compram aquilo de que necessitam. Essa lógica permite que um determinado país possa adquirir aquilo que não tem condições de produzir, e de vender aquilo que consegue produzir com mais facilidade. Imagine o seguinte exemplo: a Suíça é um país muito rico, mas seu território montanhoso e pequeno não permite o desempenho de atividades agrícolas de grande escala.

Ainda assim, com muito esforço, até seria possível que a Suíça produzisse proteínas animais dos mais diversos tipos, assim como açúcar, trigo e outros produtos primários. A realização dessas atividades, no entanto, não seria muito vantajosa aos suíços. Uma vez que as características físicas do país não colaboram, esses produtos – caso feitos localmente – seriam bastante caros. Em vez de gastar tempo e recursos nessas atividades, os suíços importam esses itens e investem seus recursos noutros segmentos.

Por outro lado, pode-se pensar nos EUA, que possui um grande território e uma população de mais de 300 milhões de pessoas. É possível que os estadunidenses produzam, por exemplo, *pen drives*. Como nos EUA a mão de obra é mais cara, vale a pena importá-los da China, onde a mão de obra é menos custosa. Com isso, os EUA podem focar seus esforços em produtos e serviços em que o retorno será mais elevado.

Essa é outra característica bastante importante do comércio internacional: permite que os países se especializem na produção de itens em que se pode obter um maior retorno. A Suíça até poderia produzir carnes de vários tipos, e os EUA poderiam produzir *pen drives* variados. Como existe o comércio internacional, esses países podem direcionar seus esforços a outras áreas, especializando sua produção naquilo em que podem ser melhores, em vez de gastar esforços e recursos naquilo que podem comprar do exterior num custo menor. Hoje, por conta da internet, dos smartphones e das tecnologias da informação, fazer negócios internacionais ficou mais fácil. Pode-se saber, com relativa facilidade, onde existe demanda por aquilo que faço ou fabrico, ou quem pode fornecer alguma coisa de que preciso.

O ambiente de negócios internacionais

Quando se assiste ao noticiário, frequentemente outros países e governantes são citados. Da mesma forma, uma determinada empresa pode ter descoberto uma nova tecnologia, ou pode ser a responsável por algum erro grave, como derramamento de petróleo ou uma explosão em algum lugar. Pode-se também ouvir que um determinado ministro discursou em uma organização internacional, e isso afetou o câmbio e as bolsas de valores pelo mundo.

Isso tudo se relaciona de uma forma muito mais próxima do que à primeira vista pode parecer. O ambiente internacional de negócios possui uma composição dinâmica, e seus participantes estão a todo tempo influenciando os demais *players* e sendo influenciados por eles. É por isso que este capítulo trata dos participantes dos negócios internacionais, sobre as características internas dos países que afetam a internacionalização, sobre as questões culturais e temas afins.

QUEM PARTICIPA
DOS NEGÓCIOS INTERNACIONAIS

No capítulo anterior, observou-se que os negócios internacionais são grandemente realizados por empresas. São organizações de vários portes distintos que realizam transações por todo o mundo: desde as empresas internacionalizadas, aquelas que possuem atividades em um só país, mas que importam e exportam; até as empresas multinacionais que possuem matriz em um país e filiais espalhadas pelo mundo; e empresas nascidas globais.

Essas empresas estão o tempo todo enviando e recebendo dinheiro, *know-how*, mão de obra e diversos tipos de ativo. Não são apenas as empresas que participam nos negócios internacionais, existindo outros elementos, frequentemente chamados de *players* na linguagem dos negócios. São, por exemplo, as organizações internacionais. Como se sabe, as organizações internacionais são entidades formadas por Estados e com personalidade jurídica própria. Essas entidades podem ser globais, como a Organização das Nações Unidas e a Organização Mundial do Comércio, ou regionais, como a Organização dos Estados Americanos.

Num primeiro ponto, as organizações internacionais participam dos negócios internacionais, pois podem ser um fórum de diálogo e debate para regras internacionais. Ao fazer isso, acordos globais são criados e acabam por padronizar algum aspecto da vida internacional. Um exemplo é a Convenção das Nações Unidas sobre contratos para a compra e venda de mercadorias (a United Nations Convention on Contracts for the International Sale of Goods – CISG).

O objetivo da CISG era criar um padrão internacional para contratos buscando facilitar os termos das trocas comerciais. Atualmente, mais de 85 nações ratificaram a Convenção, o que uniformizou algumas práticas comerciais. Há ainda outro meio pelo qual as organizações internacionais participam dos negócios internacionais. Tais organizações precisam de insumos para seu funcionamento: desde papel e caneta até computadores, sistemas, serviços de tecnologia da informação, veículos, aeronaves, peças e uma série de produtos. Assim, as organizações internacionais compram aquilo de que precisam e, por vezes, vendem o que não é mais útil.

Ou seja, assim como as empresas, as organizações internacionais compram e vendem. A própria Organização das Nações Unidas o faz através do chamado *bidding*, que em português pode ser entendido como licitação. É um processo de compra no qual se abre uma concorrência para que os interessados participem. As oportunidades de negócios com a ONU são anunciadas no United Nations Global Marketplace (Mercado Global das Nações Unidas, em livre tradução). Outras organizações anunciam ou compram de outras formas.

O Banco Mundial, por exemplo, anuncia as oportunidades de negócio em seu site, e os interessados se cadastram para seguir com os procedimentos de compra. Trata-se de uma oportunidade de negócios internacionais ainda pouco explorada pelas empresas brasileiras. Além de empresas e organizações internacionais, os Estados também participam dos negócios internacionais, como será visto a seguir.

Estados livres e intervencionistas

Houve um tempo no qual as Relações Internacionais eram conduzidas apenas por Estados. Esses Estados buscavam incessantemente aumentar seus poderes e recursos. Dezenas de guerras foram travadas, nesse contexto, e tudo era motivo para recorrer ao uso da força: desde a posse de um mero balde de carvalho até promessas não cumpridas.

A partir da Paz de Vestfália, no entanto, as coisas mudam, e o moderno sistema internacional começa a tomar forma. Aos poucos – como um sinal dos tempos –, os Estados mudam também. Novos sistemas de governo surgem, novas formas de pensar, e cada vez mais o absolutismo monárquico – característica dos governos europeus na Idade Moderna – perde forças. Ainda assim, até pelo menos 1919, os Estados foram os soberanos atores das Relações Internacionais.

Hoje o sistema internacional possui outros *players*. As organizações internacionais, das quais falamos anteriormente, são um exemplo. Outra possibilidade são as grandes empresas que, como comentado no capítulo anterior, muitas vezes faturam num ano mais do que todas as riquezas que uma dada nação produz no mesmo período.

Algumas dessas empresas tornaram-se tão grandes, mas tão grandes que conseguiram que países mudassem suas legislações internas para favorecê-las. Esse cenário fez com que alguns autores de RI afirmassem que no atual cenário global os Estados perderam importância em favor desse tipo de organização. Isso, no entanto, não parece algo verdadeiro.

Um exemplo pode ser o caso de empresa de produtos químicos que gostaria de vender seus produtos no Brasil. Não basta que uma empresa brasileira importe esses produtos. É necessário que o importador possua uma série de autorizações do governo. Isso vale também quando se exportam produtos naturais – sejam vegetais ou animais. Há uma série de regras que devem ser seguidas, visando preservar o item que está sendo transacionado e evitar que potenciais fungos ou bactérias sejam exportados junto do produto.

Esses dois exemplos simples mostram que os Estados não apenas ainda possuem grande relevância no atual cenário de negócios internacionais, mas também evidenciam que esses negócios não podem ser feitos sem a anuência estatal em algumas situações. São também os Estados que se comprometem com algumas regras que tornam os negócios internacionais mais previsíveis, como a aceitação da CISG. Um outro exemplo compara os grandes supermercados e redes varejistas dos EUA com a impossibilidade de replicar esse modelo no Japão. Como comentado por Cavusgil et al. (2010), enquanto nos EUA grandes lojas com todos os tipos de produto são cotidianas, no Japão há uma lei local proibindo esse tipo de empreendimento para favorecer pequenos comércios.

Em alguns locais, os Estados agem como mediadores entre os negócios e a sociedade, atuando apenas em setores essenciais, como saúde, educação e segurança pública, sem reservar certas áreas para si. Esses países são chamados de países livres ou de livre mercado. Nesses casos, a atuação do governo para restringir, estimular ou coagir empresas e setores é mínima e os negócios tornam-se menos arriscados.

Os países livres ou de livre mercado caracterizam-se por ampla liberdade econômica, e as empresas concorrem umas com as outras de forma mais livre. Isso significa que os governos não apenas não cobrarão impostos elevados, como também não imporão a essas organizações um alto nível de burocracias. Como exemplos de países de alta liberdade econômica podemos citar Austrália, Nova Zelândia, Cingapura, Holanda, Suíça, Irlanda, Canadá, Dinamarca e Reino Unido.

Por outro lado, existem países de menor liberdade econômica, caracterizados por alta burocracia e grande interferência do governo nos assuntos privados e no ambiente econômico. Esses países, também chamados de protecionistas, são aqueles onde é comum a existência de empresas estatais em vários segmentos diferentes – muitas delas monopolísticas. É também comum que governos protecionistas ofereçam subsídios a setores específicos, ou seja, auxílios financeiros ou tributários para estimular um ou outro segmento; e que impeçam investimentos externos em algumas áreas.

A justificativa para a aplicação desse tipo de política é, comumente, a proteção de uma indústria nascente, segurança nacional ou mesmo a proteção da economia. Como exemplos de países protecionistas podemos citar Brasil, Equador, Moçambique, Bolívia, Turcomenistão, Venezuela, Rússia, Argentina e República Democrática do Congo. Nessas nações, os negócios tendem a ser mais custosos por conta da burocracia imposta a importadores e exportadores, e abrir empresas é um processo que pode levar meses. Alguns desses países, como Argentina e Venezuela, já empreenderam largas ações de estatização, tomando para os governos empresas privadas.

Ao comparar os países livres com os países protecionistas, é claro qual grupo possui maior relevância no comércio internacional: aqueles de ambientes livres. Isso ocorre porque, ao tentar proteger a indústria nacional, os governos acabam reduzindo a oferta de bens e serviços à disposição do consumidor. Como consequência, o consumidor acaba obrigado a comprar os itens disponíveis no mercado, ainda que não sejam tão bons ou inovadores. Além disso, geram-se burocracias bastante grandes para quem quer exportar ou importar, cobram-se taxas e tarifas proibitivas, e dificultam-se a geração e a difusão de tecnologias. Nessas nações, alguns setores tendem a ter bastante poder e preponderância, e qualquer iniciativa que minimamente os ameace é vista como hostil.

Em contrapartida, em ambientes livres o que acontece é o inverso: como o governo não protege a indústria nacional, a concorrência ocorre de forma livre. Logo, a oferta de bens e serviços é maior do que a demanda, e as empresas obrigam-se a inovar, melhorar a qualidade e reduzir os preços de seus itens para conquistar seus clientes. Num cenário assim, sobrevivem as empresas que melhor se adaptem às mudanças, e que sejam mais inovadoras e dinâmicas.

Ao buscar a internacionalização, deve-se entender se o país de destino potencial é protecionista ou livre. Se for protecionista, a chance de grandes exigências para as importações é grande. Nesse cenário, os negócios tornam-se mais arriscados. No entanto, esse não é o único fator a se considerar. Outros fatores importantes serão apontados a seguir.

O AMBIENTE INTERNACIONAL DE NEGÓCIOS

Considere que o mundo tem cerca de 195 nações reconhecidas. É claro, existem outras de reconhecimento limitado, mas tomemos por base o número 195. A mais nova das nações é o Sudão do Sul, nascido oficialmente em 2011. Quando essa questão é colocada dessa forma, pode parecer que os negócios internacionais possuem poucos *players*, o que não é verdade.

Cada uma dessas nações possui milhares de empresas que operam internamente, e outras tantas centenas (ou também milhares) que operam em múltiplos mercados. Existem aquelas que se veem constantemente, cujos produtos fazem parte do dia a dia da maioria das pessoas, e outras que são vistas com menor frequência, como as empresas de navegação que – por exemplo – transportam produtos por todo o mundo.

Tradicionalmente, as empresas que internacionalizam e passam a operar em outro país carregam consigo sua cultura. Isso significa que empresas brasileiras tendem a ter uma cultura organizacional (aquela de dentro da empresa) derivada da cultura nacional brasileira. Agora, considere quantos hábitos distintos pessoas de diferentes regiões do Brasil possuem. Certamente, a cultura paranaense difere da cultura baiana. Como consequência, ainda que a cultura brasileira seja o pano de fundo, é certo que empresas paranaenses e baianas, quando internacionalizam, levam ao exterior diferentes jeitos de agir.

Agora, expandindo esse raciocínio, pode-se afirmar que os milhares de empresas que internacionalizam levam aos países de destino de suas operações hábitos de trabalho distintos. É por isso que o ambiente internacional de negócios é bastante complexo: envolve nações, organizações internacionais, empresas e culturas muito diferentes entre si. O papel do profissional nesse cenário complexo é conseguir harmonizar relações entre *players* distintos para conseguir fazer negócios.

Questões culturais

Cultura é um termo que possui múltiplos significados. Para alguns, é sinônimo de erudição. Para outros, talvez da área biológica, pode significar um conjunto de microrganismos em algum lugar. Para negócios internacionais, cultura possui ainda um outro significado: um conjunto de hábitos, comportamentos, valores e modos de vida de um determinado grupo.

Para qualquer pessoa que trabalhe com Relações Internacionais, compreender e saber agir em relação às distintas culturas que coexistem no mundo é fundamental. Em negócios internacionais, não poderia ser diferente. Para internacionalizar com sucesso, é necessário compreender os costumes e os hábitos dos consumidores do país de destino de nossos serviços e mercadorias. Antes de importar algo, deve-se cogitar se os compradores do mercado doméstico aceitarão o item vindo do exterior, se há a necessidade de alguma adaptação e onde vender.

Antes de mais nada, é importante saber que, ao lidar com culturas distintas da própria, não se podem – em hipótese alguma – julgar os comportamentos, hábitos e costumes dos outros. Todo julgamento nasce a partir da percepção das diferenças culturais que tomam por base a cultura de origem. Assim, a tendência é que sempre se considere que a própria cultura é melhor do que as demais, o que se chama de etnocentrismo. Mas, em termos culturais, não há cultura melhor ou pior, certa ou errada. Há apenas culturas *diferentes*.

Um exemplo bastante simples é o hábito brasileiro de pagamento. No Brasil, ao contrário do que ocorre em muitos países, é costume parcelar as compras. Outro exemplo pode ser os hábitos alimentares dos chineses, exponencialmente distintos dos nossos; ou as cores que aqui no Brasil possuem um significado e, noutras nações, possuem diferentes interpretações. A cultura compõe-se de diferentes dimensões, algumas de mais fácil percepção. Quando se vai a um outro país ou quando se depara com diferentes hábitos e costumes, existem aquelas diferenças que se consegue visualizar com maior facilidade. Gastronomia, artes, cinema e literatura compõem o que se chama de "alta cultura", aquela que é mais visível.

Na sequência, existem aquelas dimensões culturais das quais se está ciente, mas que quando se defronta com elas, talvez não se consiga perceber essas diferenças de forma adequada e clara. Humor, religião e vestuário fazem parte do que se chama de "cultura popular". Por fim, existem aspectos culturais de mais difícil percepção a estrangeiros, ou a recém-chegados a um novo ambiente. Cavusgil et al. (2010) comentam que é aqui que entram os relacionamentos familiares, as dinâmicas de trabalho, as formas de tomada de decisão e, ainda, os padrões de conversação. Existem autores que comparam a cultura a um *iceberg*, em que a maior parte está submersa, e o que se vê é apenas uma pequena parte de um grande bloco de gelo. Nessa metáfora, o que se percebe das demais culturas é somente uma pequena parte de um grande todo.

Existem questões culturais de mais fácil percepção, e outras que requerem maior atenção e cuidado. Ao trabalhar com negócios internacionais, deve-se ter em mente que a convivência com culturas distintas é relativamente comum, e que, portanto, torna-se necessário transitar por ambientes culturalmente diferentes com maior naturalidade. Para isso não se pode julgar uma cultura como melhor ou pior do que a sua. É possível ou perceber as diferenças entre o novo ambiente e sua cultura de origem como observador; ou perceber essas diferenças e mudar suas atitudes, agindo como as pessoas da cultura de destino agem. Seja como for, a adaptação é essencial.

Para a internacionalização, as questões culturais também possuem grande importância. Um produto que no Brasil é vendido pela internet, no país de destino pode ser vendido em lojas de departamentos. Enquanto no Brasil shopping centers são comuns, em outras nações consumidores buscam as ruas do centro das cidades para fazer suas compras. Na China, por exemplo, é bastante comum que as ruas dos centros das grandes cidades sejam de lojas imensas de vários tipos de produtos, e essas lojas ficam abertas nos fins de semana e feriados, funcionando desde muito cedo até a madrugada.

A compreensão cultural envolve, assim, o entendimento de hábitos e preferências dos consumidores. Para produtos e gêneros alimentícios, a necessidade de adaptação é elevada. É comum que se diga que nos Estados Unidos os produtos tendem a ser mais adocicados do que na Europa. Redes brasileiras de *fast-food* que desembarcaram no México precisaram apimentar um pouco mais os seus pratos para cair no gosto dos clientes locais. As cores também devem ser alteradas em alguns ambientes. Por exemplo: enquanto no Brasil preto é a cor do luto, no Japão o luto é expresso pela cor branca. Na China, o amarelo sempre foi uma cor reservada aos imperadores, e na Coreia do Sul apenas o nome dos falecidos é escrito em vermelho. Como consequência desses aspectos, as marcas precisam se adaptar para operar nesses países.

Um outro tipo de adaptação cultural – também bastante presente nos gêneros alimentícios – é em relação às regras religiosas. Exportadores brasileiros de frango para os países árabes precisaram adaptar sua produção para seguir as regras *halal*, que são aquelas que ditam quais alimentos são permitidos ou não pelo Alcorão, assim como quais as maneiras corretas de abater os animais. Para quem se interessar em vender para Israel, por sua vez, é necessário observar as particularidades *kosher*, relativas às leis judaicas. Os dias de trabalho e de funcionamento dos ambientes comerciais também respeitam regras religiosas, e o fim de semana para Israel é sexta e sábado, sendo que o domingo marca o retorno às atividades.

Por conta dessas questões, grandes redes de *fast-food* que internacionalizam para países árabes também precisam seguir as regras *halal*, da mesma forma que quando internacionalizam para Israel precisam seguir as regras *kosher*. Nesse sentido, o McDonald's na Índia, por exemplo, oferece lanches com opções de hambúrguer de frango e carneiro – além do tradicional hambúrguer de carne bovina –, considerando que uma parte da população não consome carne de vaca. Assim, essas pessoas possuem outras opções de compra.

Outro tipo de adaptação cultural refere-se às embalagens. Enquanto no Brasil os consumidores estão acostumados a comprar produtos num determinado tamanho, em outros países isso pode mudar. Por exemplo: as latas de cerveja brasileiras costumam ter 350 ml, e as garrafinhas *long neck* cerca de 330 ml. Noutros países, as latas são de 470 ml e as garrafas de 600 ml. Assim, é necessário mudar o tamanho do item e o idioma dos rótulos das embalagens dos produtos para que sejam aceitos pelos consumidores estrangeiros. As unidades de medida também precisam de atenção: enquanto muitas nações utilizam o sistema métrico, Inglaterra e Estados Unidos utilizam o sistema imperial. Distância, nesse sistema, é medida em polegadas, pés, jardas e milhas; enquanto o peso é medido em libras e onças; e volume é medido em galões e barris.

Empresas de automóveis que tentam vender seus veículos na Inglaterra, África do Sul ou Austrália precisam alterar o velocímetro para milhas por hora e trocar o volante de lado, uma vez que nesses países o motorista está sempre ao lado direito do automóvel. Por fim, existem áreas nas quais a necessidade de adaptação de produtos para atender a diferenças culturais é menor. É o caso dos softwares – em que o idioma é a principal alteração – ou aviões, cujas regras são internacionais por excelência.

Mesmo com tantas diferenças, não é necessário entender tudo o que há de distinto ou particular em cada um dos países. Basta que antes de internacionalizar se pesquisem regras, tradições e hábitos do potencial mercado de destino. Assim, pode-se não apenas ofertar algo que seja mais adequado àqueles clientes, mas também é possível se precaver de futuros dissabores. As questões culturais constituem uma parte bastante relevante do planejamento de negócios internacionais. Aquelas organizações mais comprometidas com a internacionalização costumam desenvolver produtos específicos para os mercados externos, muitas vezes não ofertando esses itens em seu país de origem. Outras ofertam os mesmos produtos. Deve-se ressaltar que cada setor e cada nação terão necessidades específicas.

Questões político-legais

As questões e os sistemas político-legais causam grande impacto nas operações de negócios internacionais, e podem tornar uma internacionalização ou bastante vantajosa ou muito preocupante. Primeiramente, chama-se de jurisdição a soberania que um órgão ou entidade tem para aplicar o direito a um caso concreto. É de alçada da polícia federal, por exemplo, a fiscalização de aduanas e fronteiras brasileiras. Outros países contam com diferentes polícias e há muitas outras diferenças relevantes.

Enquanto no Brasil as Câmaras de Vereadores fazem as leis municipais, as Assembleias Legislativas fazem as leis estaduais ou distritais e o Congresso Nacional – composto por Câmara dos Deputados e Senado – faz as leis federais, outros países podem ter uma estrutura muito distinta. Enquanto nos Estados Unidos existem os xerifes, no Brasil não há esse cargo. Isso ocorre, pois o sistema jurídico brasileiro é diferente do estadunidense.

Cada país é caracterizado pelo próprio sistema de leis e regras. Para fazer leis federais no Brasil, contamos com deputados e senadores, e as leis são aprovadas a partir de um debate que ocorre no Congresso Nacional, nas Assembleias Legislativas e nas Câmaras de Vereadores. No Brasil, as regras sobre comércio exterior – por exemplo – vêm da esfera federal e são uniformes para o país. O sistema político brasileiro caracteriza-se também por ser uma república presidencialista. Isso significa que o chefe de Estado e governo (o presidente) é eleito de forma direta. Isso vale também para os Estados Unidos, o México, a Argentina e a Turquia.

É frequente perceber alterações no humor do mercado no decorrer das eleições presidenciais nesses países. Caso um candidato de propostas consideradas radicais esteja à frente nas pesquisas, há uma tendência de fuga de dólares e desvalorização da moeda local. Ainda nesse exemplo, as bolsas de valores tendem a perder investimentos e as empresas que ofertam ações ali perdem valor de mercado. Por outro lado, caso um candidato com propostas consideradas economicamente necessárias e factíveis esteja à frente nas pesquisas e vença as eleições, a tendência é da entrada de recursos externos, e a consequente valorização da moeda e das empresas nacionais.

Alguns países podem ser parlamentaristas, sistema em que não há um presidente, mas um primeiro-ministro. Nesse caso, o primeiro-ministro é eleito pelo povo, e permanece no poder desde que possua apoio de maior parte do Parlamento. Caso esse primeiro-ministro deixe de ser apoiado pelo poder Legislativo e, consequentemente, não consiga aprovar projetos de lei ou políticas específicas para a nação, convocam-se novas eleições. É o que se chama de "perda de maioria", sendo a maioria o número de congressistas necessários para aprovar projetos e leis. É assim que funciona na Itália, Alemanha, Hungria e Índia.

Existe também o chamado "semipresidencialismo", em que além de um presidente – eleito pelo povo – há um primeiro-ministro, eleito por deputados e senadores. Enquanto o primeiro encarrega-se das funções de política externa, o segundo pode encarregar-se de assuntos de política interna. É o que ocorre na França, por exemplo.

Outras nações podem ser monarquias, o que significa, primeiramente, que há um rei ou rainha. Essas monarquias podem ser absolutistas – quase ditatoriais –, como é na Arábia Saudita, ou podem ser parlamentares, nas quais há uma Constituição respeitada pelo soberano e um primeiro-ministro que exerce funções de governo, como é na Inglaterra ou mesmo na Espanha. Ambientes como o saudita, por suas características totalitárias, tendem a repelir negócios pelas incertezas que o sistema político traz. Dessa forma, a maneira mais segura de atingir os consumidores daquele país é via exportações, pelo menor comprometimento de recursos dessa forma de internacionalizar.

Por fim, existem nações unipartidárias governadas por um presidente, líder supremo ou primeiro-ministro. Nesses casos, não há oposição, e o próprio Estado confunde-se com o único partido existente. Membros desse único partido desempenham funções no governo e na gestão do país. É o que ocorre hoje na China, na Coreia do Norte ou na Síria, onde opositores e vozes destoantes simplesmente não são tolerados. São obviamente nações totalitárias.

Como apontam Cavusgil et al. (2010: 124), num regime autoritário, o Estado "tenta regular a maior parte dos aspectos de conduta pública e privada. Um governo autoritário busca controlar não só todas as questões econômicas e políticas, mas também as atitudes, os valores e as crenças de seus cidadãos". Em ambientes assim, qualquer coisa pode ser taxada de "ameaça à segurança nacional", e qualquer pessoa – mesmo turistas estrangeiros – pode ser presa e, portanto, mantida sob a acusação de "tentar desestabilizar o regime". Existem casos de estrangeiros que foram presos na Coreia do Norte por portar uma bíblia entre seus itens pessoais. Se esses países agem dessa forma com pessoas, é praticamente impossível estabelecer empresas estrangeiras ali.

Alguns podem questionar a inclusão da China nessa lista de países com regimes autoritários. Ainda que o gigante asiático tenha iniciado importantes reformas na década de 1980, tendo se aberto aos negócios e sendo mais economicamente livre que o Brasil, isso não significa que o país não seja governado de forma ditatorial. Ainda não se toleram vozes dissidentes ou críticas ao partido comunista. O próprio Google, ao instalar-se na China, sofreu muitas pressões do governo e precisou adaptar seu mecanismo de buscas para não mostrar resultados para pesquisas como "liberdade de imprensa" ou "liberdade de expressão". Foram tantas restrições que a empresa da Califórnia decidiu retirar-se da China continental e operar apenas em Hong Kong.

Essas questões afetam seriamente os negócios. Tradicionalmente, nações de sistemas políticos mais livres, abertos e democráticos são as menos arriscadas para se fazer negócios. Por outro lado, as nações mais fechadas e autoritárias são as mais arriscadas. Os sistemas políticos e a forma pela qual as leis são escritas e aprovadas também afetam os negócios internacionais: é menos arriscado operar em ambientes nos quais as leis são feitas de forma democrática e com base na vontade popular do que em ambientes em que a lei deriva da religião.

Ambientes presidencialistas, parlamentaristas ou semipresidencialistas democráticos tendem a ser mais estáveis para se fazer negócios. É mais seguro para empresas estrangeiras instalarem-se em ambientes mais previsíveis, onde cidadãos possuam garantias de seus direitos. A grande maioria das economias desenvolvidas do mundo são democráticas, e dentre as características mais importantes da democracia para os negócios internacionais estão o respeito e o direito à propriedade privada e a limitação do governo. Dificilmente uma empresa efetuaria um IED para um ambiente onde não há respeito à propriedade privada. Um governo cujos poderes não sejam limitados tende ao totalitarismo, e as regras oscilam conforme a vontade do líder.

A presença ou ocorrência de eleições não basta para caracterizar um país como democrático. Algumas nações, como a Venezuela, continuam a realizar os pleitos, ainda que os opositores do presidente sejam perseguidos e impedidos de se candidatar. Várias eleições venezuelanas tiveram sua lisura questionada até mesmo pela Organização dos Estados Americanos (OEA).

A Economist Intelligence Unit (EIU), uma organização de pesquisa britânica, divulga a cada ano um índice de democracia chamado de "Democracy Index", por meio do qual são analisados dados como se as nações possuem eleições livres e abertas, a segurança dos eleitores, a liberdade de imprensa e cerca de 57 outras questões. Ao final, divulga-se um índice que pode oscilar entre *democracia plena* – atualmente são cerca de 22 países, incluindo Uruguai, Alemanha e Portugal –, *democracia falha* – atualmente são 53 e o Brasil está nessa lista –, *sistema híbrido* – caso de Ucrânia, Guatemala e Bolívia – e *autoritarismo* – caso de Rússia, Irã, Guatemala, Venezuela, Cuba e Egito.

Países presidencialistas, parlamentaristas, semipresidencialistas ou monarquias parlamentares tendem a ser um Estado de direito, onde a democracia prevalece e as regras são claras e válidas a todos, inclusive aos próprios governantes. Em contrapartida, monarquias absolutistas e países unipartidários tendem a ser autoritários, sem clareza ou debate na criação ou implantação de leis ou reformas.

Para as empresas e as organizações é mais seguro atuar em Estados de direito, uma vez que quando um dado Poder Legislativo inicia debates sobre leis ou normas que podem afetar as operações de determinada empresa, essa empresa não só tem a chance de se manifestar a respeito como também possui tempo hábil para adaptar suas operações às novas exigências legais. Por outro lado, em ambientes autoritários as regras são impostas sem qualquer debate ou tempo para adaptação. Neste último caso, o risco é bem mais elevado.

Uma outra diferença relevante em relação aos sistemas legais é sobre como as leis são aplicadas e como o Direito é criado. O sistema da *Common Law* ou Direito Comum, válido na Inglaterra, Austrália, Irlanda, Estados Unidos, Índia ou Malásia, baseia-se muito na jurisprudência, nas práticas antigas e nos precedentes legais do que nas leis escritas. Como consequência, para saber se algo pode ou não ser feito nessas nações não basta consultar a lei, sendo necessário consultar também os precedentes jurídicos que mostram como juízes e tribunais tratam determinada prática. Contratos entre empresas nesse sistema legal costumam ser mais detalhados e minuciosos. Para os negócios internacionais, esse sistema é um pouco mais arriscado, pois se depende não apenas das leis, mas também dos costumes das regiões. Uma desavença contratual, por exemplo, pode não ser julgada só em conformidade com o mandamento legal, mas de acordo com os costumes de uma determinada região.

De outro lado, há o sistema da *Civil Law* ou Direito Civil, adotado na Alemanha, Itália, Brasil, Japão e boa parte da América Latina. Nesses locais existe um amplo sistema de leis sobre os mais variados temas, como ocorre no Brasil: temos um Código Civil, um Código Penal, um Estatuto da Criança e do Adolescente, além, é claro, da norma mais fundamental: a Constituição Federal. Se é necessário saber como um negócio deve comportar-se ou quais as leis e regras básicas sobre a criação das empresas, seus relacionamentos com o mercado ou as exigências gerais para produtos e serviços, consulta-se a lei. Nesse sistema legal, os contratos tendem a ser um pouco mais breves, por conta da abrangente regulamentação previamente estabelecida pela lei. O sistema da *Civil Law* deriva amplamente do Direito Romano e possui raízes antigas (La Porta et al., 2008). Para os negócios internacionais, esses sistemas são menos arriscados.

Por fim, existem os sistemas legais religiosos, nos quais as leis e as regras de conduta derivam das crenças religiosas e de seus padrões morais. São os sistemas de alguns países muçulmanos do norte da África ou do Oriente Médio. Nesses ambientes, para que uma empresa possa atuar de forma lícita, é preciso seguir preceitos religiosos. Como a lei muçulmana proíbe a cobrança de juros, muitos bancos que operam nessas nações precisaram adaptar sua atuação para poder operar. Além de estar de acordo com as leis, a organização que internacionaliza para regiões que adotam o sistema teocrático deve considerar a religião predominante e seus mandamentos.

Atualmente, sabe-se que as características dos sistemas legais influenciam não apenas a facilidade ou dificuldade de se fazer negócios numa dada nação, mas também o comportamento dos indivíduos. Existem autores, como Aldashev (2009), que pontuam que sistemas legais eficientes possibilitam e facilitam a melhor alocação de fatores produtivos e aumentam a produtividade. Isso se dá porque dentre as funções dos sistemas legais está não só a criação de leis e regras, mas a maneira pela qual essas regras são aplicadas.

Acemoglu e Robinson (2012) procuraram demonstrar o importante papel desempenhado pelas instituições nacionais na criação de prosperidade ou na manutenção da pobreza, e apontaram que as instituições e os sistemas legais se desenvolvem ao longo da história, sendo moldados por conflitos e situações políticas. O exemplo dado é das diferenças econômicas nas Américas, sendo os Estados Unidos um país grandemente desenvolvido, enquanto outras nações de tempo histórico semelhante permaneceram carentes. De um lado das Américas, os espanhóis criaram instituições extrativistas, enquanto ao norte do Rio Grande buscou-se "criar instituições que dessem aos colonos incentivos para investir e trabalhar com dedicação" (Acemoglu e Robinson, 2012: 34).

Como se pode perceber, os sistemas políticos influenciam os sistemas legais, e ambos são influenciados pelas instituições com as quais uma determinada nação conta. Para que uma determinada organização tenha sucesso em seu processo de internacionalização, deve-se considerar não apenas qual o sistema político de um dado mercado bem como quais suas principais regulamentações, mas as instituições presentes ali. Não basta que existam leis claras que protejam empresas e que disponham sobre o funcionamento dos contratos, é necessária a existência de um poder judiciário imparcial que aplique as leis e resolva controvérsias em tempo hábil. Aqui se pode perceber que a burocracia, a morosidade da justiça e a fraqueza das instituições tornam-se também um risco aos negócios internacionais.

O ambiente financeiro internacional

A cada dia, navios cruzam os mares levando e trazendo mercadorias diversas. Vão e vem, o tempo todo, mercadorias, serviços e recursos. Todas essas trocas costumam ser acompanhadas de recursos financeiros. São dólares que saem do Brasil para pagar uma importação vinda da China ou euros que saem da Alemanha para pagar uma importação vinda da Hungria. É dinheiro que entra em Hong Kong para pagar desenvolvimentos tecnológicos, ou que vai para os EUA para pagar *royalties* dos produtos licenciados pela Disney.

Por tudo isso, não se pode falar de negócios internacionais sem mencionar e compreender as trocas financeiras que acompanham boa parte dessas operações. Toda vez que se acessa a internet e se compra algo de fora do país pagando via cartão de crédito, se efetua uma operação global, ainda que em pequena escala. Saber o preço em reais de eletrônicos, itens de vestuário ou de livros ficou mais fácil graças a um componente bastante importante e cotidiano das finanças internacionais chamado sistema de câmbio. Esse sistema informa o valor de uma moeda em relação à outra.

Quem aponta quantos reais são necessários para comprar um dólar é o próprio mercado de câmbio. Existem três tipos de cenários cambiais, e o primeiro deles é o de *câmbio fixo*, no qual o próprio governo (muitas vezes via banco central) estabelece o valor da moeda nacional em relação às moedas estrangeiras. É o caso da China, onde o valor do yuan é estabelecido pelo governo. Os chineses mantêm o yuan propositalmente desvalorizado para que seus produtos fiquem baratos no mercado externo.

De outro lado, existe o câmbio flutuante, cujo valor deriva da oferta e demanda de moeda estrangeira. Se um país se tornou economicamente atrativo e há muito dinheiro estrangeiro entrando nessa nação, sua moeda interna se valoriza. Se, por exemplo, o Brasil efetuasse todas as reformas necessárias para destravar seu crescimento, e apresentasse boas taxas de elevação do PIB, investidores estrangeiros colocariam dólares e euros aqui. Com isso, aumentaria a oferta dessas moedas, o que reduziria seu preço frente ao real. O caso desse exemplo é o real valorizado.

Pode ocorrer também o oposto: o país estar em crise, com as contas públicas desorganizadas e economia em queda. Nesse cenário, investidores estrangeiros – temendo perdas – retirariam do Brasil seus recursos. Como consequência, a saída de moedas estrangeiras as tornaria escassas no mercado interno. Isso faria que o real se desvalorizasse e que o dólar ou o euro se tornassem mais caros em relação à nossa moeda. Esses exemplos são de *câmbio flutuante*, cujo valor oscila em função das movimentações do próprio mercado.

Aqui se pode ter entendido as notícias dos jornais e compreendido o que significa um dólar a R$ 3,00 ou a R$ 5,90. No entanto, o câmbio brasileiro não é flutuante. No Brasil, adota-se o chamado *câmbio sujo*. Isso significa que os valores das moedas estrangeiras oscilam conforme a oferta e demanda ou entrada e saída, mas que o governo intervém. É o que ocorre quando o Banco Central oferta dólares para reduzir o aumento no preço da moeda americana ou quando compra dólares para conter a valorização do real.

Tanto o real valorizado (dólar e euro baratos) quanto o real desvalorizado (dólar e euro caros) trazem consequências para o país e para as empresas que atuam aqui. Quando o real está valorizado e as moedas externas relativamente baratas, as importações tendem a aumentar. Cenários assim também favorecem o investimento de empresas nacionais na compra de maquinário e renovação das indústrias. A concorrência com produtos externos também aumenta. Situações como essa tendem a ser favoráveis para os importadores e desfavoráveis para os exportadores.

Quando o real está desvalorizado e as moedas estrangeiras caras, as empresas que poderiam investir em novos maquinários e em modernização não o fazem, mas as exportações tendem a subir. Isso ocorre, pois, se uma indústria manufatura um produto a R$ 100, com o dólar custando R$ 2, esse produto custaria US$ 50. Porém, com o dólar custando R$ 4, o produto manufaturado por R$ 100 custaria US$ 25. É por isso que moeda interna desvalorizada tende a incentivar as exportações. Essa é uma situação desfavorável para os importadores.

O sistema financeiro internacional não compreende apenas as questões cambiais, mas também se refere a um grande conjunto de instituições financeiras que operam internacionalmente e trocam entre si. Essas instituições operam de acordo com as regras monetárias internacionais, que compreendem procedimentos institucionais comuns. O setor bancário, por exemplo, possui grande familiaridade com esse sistema, uma vez que envia e recebe recursos.

Esse sistema internacional conta com bancos de investimento, que criam ações e obrigações como o *Goldman Sachs*; com bancos privados que administram e circulam recursos, e administram patrimônio dos muito ricos, como o Credit Suisse; ou bancos comerciais, onde estão a maioria das contas das empresas e pessoas, como o Wells Fargo dos EUA, o Deutsche Bank da Alemanha ou o Itaú do Brasil. Existe um conjunto de regras internacionais que se aplica a todo setor bancário: o chamado "Acordo de Basileia".

Os bancos centrais dos países também atuam no sistema financeiro internacional, pois não apenas autorizam a emissão de moeda interna, mas administram os sistemas internos de câmbio. No Brasil, toda operação de câmbio é comunicada ao Banco Central. É também o Banco Central – no caso brasileiro – que autoriza ou não a operação de instituições financeiras. De forma geral, são os bancos centrais que controlam o volume de dinheiro em circulação.

Um acordo que facilitou as transações financeiras globais foi a criação, em 1973, da Sociedade para as Telecomunicações Financeiras Interbancárias Mundiais, conhecida como Swift (do inglês *Society for Worldwide Interbank Financial Telecommunication*). Cada instituição financeira que faz parte dessa sociedade possui um código que permite enviar e receber dinheiro. O Código Swift (ou código BIC – *Bank Identifier Code*) identifica bancos, agências e contas por todo o mundo, e é composto por cerca de 11 caracteres. A cada dia são realizadas mais de 42 milhões de transações utilizando o sistema Swift. Em 2022, após a invasão à Ucrânia, a Rússia foi retirada desse sistema. Isso impediu que dinheiro entrasse na Rússia para remunerar as exportações do país, e que saísse da Rússia para pagar por suas compras.

Por fim, um importante *player* do sistema financeiro global é o Fundo Monetário Internacional (FMI). Criado em Bretton Woods, em 1944, o FMI conta com 189 países-membros que o governam. Seu objetivo declarado é de fomentar a cooperação global em termos financeiros, facilitar o comércio e promover a estabilidade financeira global. Muitas vezes, é o FMI que empresta vultosos recursos para nações em crise, objetivando conter não apenas um problema econômico nacional, mas evitar que esse problema se espalhe para o sistema global como um todo. As tecnologias da informação e a alta interconectividade global facilitaram as transações econômicas internacionais e tornaram as crises muito mais contagiosas. É esse ponto que não apenas justifica a existência do FMI, mas também torna sua atuação mais complexa.

OS MERCADOS EMERGENTES

Não é possível compreender plenamente o atual ambiente internacional de negócios sem mencionar os mercados emergentes. Enquanto no passado os maiores atratores de investimento eram os países industrializados, há alguns anos esse cenário mudou.

Muitos países, como Brasil, Rússia, Índia, China, Malásia, Turquia ou México, estão se reorganizando e modernizando. Com isso, essas nações passaram a apresentar altas taxas de crescimento e tornaram-se importantes *players* globais em várias áreas distintas. Ao contrário das economias avançadas, já bem desenvolvidas e maduras em dezenas de aspectos, os mercados emergentes estão, aos poucos, tornando-se mais e mais globais.

Ao buscar as projeções da economia mundial para o futuro, todas apontam países como Brasil, Rússia, Índia, China e México como futuros líderes, ocupando postos que por enquanto pertencem à França, ao Reino Unido e à Itália. O fato de estarem emergindo econômica e tecnologicamente não significa, no entanto, que tais países não possuam problemas internos. O Brasil é um exemplo: entre 2010 e 2020, o crescimento médio do país foi menor do que aquele apresentado na década de 1980, comumente chamada de "década perdida".

Ainda assim, as nações emergentes possuem características internas que permitem afirmar sua importância crescente. São fatores como mão de obra e consumo, destaque em áreas específicas ou potencial de crescimento em alguns setores. Após a crise financeira de 2008, o Fundo Monetário Internacional classificou as nações emergentes como motores globais de crescimento e desenvolvimento econômico.

Tome-se a China, por exemplo. Apenas afirmar que o crescimento econômico chinês se deve à mão de obra barata é uma interpretação bastante rasa da realidade do gigante asiático. Os chineses possuem seu câmbio desvalorizado, estímulo do governo à industrialização, infraestrutura de altíssima qualidade e burocracia baixa. Mesmo sendo um país unipartidário, a liberdade econômica dos chineses é maior do que a dos brasileiros.

Somando todos esses fatores, a China passou a atrair indústrias de todos os tipos, que produzem lá, gerando cada vez mais emprego e renda. As reformas chinesas iniciaram-se no final da década de 1970, e os resultados podem ser vistos por todos. A partir de 2009, a China tornou-se o maior exportador global, e sua distância em relação ao segundo colocado – os Estados Unidos – apenas aumenta.

Em contrapartida, tem-se a Índia, país que enfrenta problemas sociais gravíssimos – como o alto percentual de pessoas vivendo na miséria –, mas que consegue ainda assim formar milhares de engenheiros da informação por ano. Com uma infraestrutura de portos, aeroportos e ferrovias melhor do que a brasileira, os indianos atraíram dezenas de empresas de tecnologia para o seu território. As maiores empresas de tecnologia do mundo possuem filiais na Índia, e o desenvolvimento global de softwares e sistemas da informação passa necessariamente por esse país.

A Rússia, outro país importante do grupo dos Bric (acrônimo que engloba também Brasil, Índia e China), possui uma economia que, até pouco tempo atrás, ancorava-se fortemente na exportação de produtos primários, como gás natural, petróleo e madeira. Os russos passaram a investir em tecnologia – especialmente biotecnologia e nanotecnologia – para reduzir cada vez mais a dependência da economia da exportação de produtos primários e de recursos finitos. Os russos estão às voltas com embargos econômicos após a anexação da região ucraniana da Crimeia, e seu cenário político tornou-se incerto após a invasão da Ucrânia ocorrida em fevereiro de 2022.

Por fim, tem-se o Brasil. O imenso território nos confere uma grande vantagem na produção e na exportação de produtos agrícolas, como soja e açúcar. O Brasil é o maior produtor e exportador de proteínas animais do mundo, também em função do tamanho e da posição de nosso país. Infelizmente, ainda é um país bastante burocrático, de tributação excessiva e sufocante, e infraestrutura ruim. Uma vez que se consigam resolver esses problemas que há muito travam o país, as chances de crescimento econômico são elevadíssimas.

Somados, os países dos Bric brevemente explicados aqui, possuem mais de 40% da população mundial, sem contar a ampla disponibilidade de recursos financeiros e técnicos. Enquanto economias maduras como Japão, Alemanha e Itália lutam contra a natalidade negativa importando trabalhadores, os países emergentes – em especial os Bric – seguem crescendo também de forma populacional.

Além dos Bric e de uma série de outras nações que podem ser consideradas emergentes, existem aquelas com potencial para se tornarem emergentes, como o Uruguai, a Costa Rica, o Vietnã ou a Nigéria. Seja nos Bric ou não, a estabilidade no setor político e a clareza no sistema legal podem tornar essas nações altamente atrativas para investidores externos. Outras nações, como Malásia, Indonésia e Tailândia, tornaram-se polos para a indústria de microchips, altamente necessária para o mundo moderno.

INTEGRAÇÃO REGIONAL E OS NEGÓCIOS INTERNACIONAIS

Como já se sabe, a globalização proporcionou uma facilitação inédita para os negócios internacionais. Tornou-se mais fácil encontrar clientes e fornecedores, e a concorrência aumentou. Assim, países cuja industrialização ainda engatinhava, muitas vezes, foram bombardeados por produtos estrangeiros melhores e mais baratos. Nem todas as empresas conseguiram reagir a tempo, inovando e melhorando organizacionalmente para competir com os importados. Por conta disso, dezenas de nações adotaram políticas protecionistas visando proteger setores internos ainda iniciantes.

Como já se falou no decorrer deste livro, essas políticas protecionistas tendem a ser bastante prejudiciais no médio e no longo prazo. Foi mais ou menos nesse cenário que um outro fenômeno se tornou mais frequente nas Relações Internacionais, o que, obviamente, afetou os negócios internacionais: a integração regional. A integração regional – fenômeno que não é recente – consiste na aproximação e na cooperação crescente entre países, muitas vezes geograficamente próximos. Muitos processos de integração regional culminam na criação de um bloco econômico, o que pode assumir diversas formas.

O exemplo mais bem-sucedido de integração regional que culminou num bloco econômico foi a União Europeia (UE), iniciada na década de 1950 como Comunidade Europeia do Carvão e do Aço. A UE evoluiu paulatinamente, tanto na aceitação de novos membros quanto no processo de integração em si. Pouco a pouco, as legislações dos países-membros passaram a convergir em temas-chave, o que não apenas facilitou as trocas comerciais reduzindo barreiras, mas também permitiu o livre trânsito de pessoas e fatores produtivos. A UE é o único bloco econômico a contar com uma moeda única e, mesmo com a saída do Reino Unido – num processo que ficou conhecido como *Brexit* –, continua sendo um bom exemplo.

Da mesma forma que existem vários blocos econômicos, existem vários níveis de integração distintos que guardam ampla relação com os negócios internacionais. O primeiro desses níveis de integração é a chamada área de preferências comerciais (APC). Países-membros de um acordo de APC transacionarão produtos a tarifas menores do que os produtos vindos de países não membros.

O segundo nível de integração é a zona de livre comércio, que consiste na redução ou eliminação total de tarifas para todos os itens produzidos pelos países-membro. Isso significa que os negócios internacionais entre os países-membros serão facilitados, pois as tarifas de importação para a entrada de produtos produzidos por essas nações serão menores ou inexistentes, o que não ocorre com produtos vindos de outras nações.

O terceiro nível a se considerar é a união aduaneira (UA), que consiste não apenas na diminuição ou isenção generalizada de tarifas do segundo nível, mas também se caracteriza pela adoção de uma Tarifa Externa Comum (TEC). Ou seja, não só os produtos comercializados pelos países-membros terão tarifas reduzidas ou eliminadas, como também os produtos vindos de países fora do acordo terão o mesmo tratamento tarifário em todos os países da união aduaneira. Por exemplo, se Brasil e Argentina celebrarem uma UA entre si, os produtos estrangeiros que entrarem no Brasil ou na Argentina pagarão os mesmos tributos, e terão o mesmo tratamento. Em situações assim, as normas tributárias dos países-membros devem convergir.

O quarto nível de integração chama-se mercado comum, que além de ter todas as características de uma União Aduaneira – como a TEC – possui também a livre circulação de produtos, pessoas e fatores produtivos. Isso significa que a pessoa natural de um dos países do acordo pode trabalhar em outro. Nesse caso, deve haver a convergência das regulamentações trabalhistas, civis e previdenciárias.

O quinto nível consiste numa união monetária, que possui, além das características anteriores, uma mesma moeda entre os países-membros. Logo, o Banco Central e o órgão emissor de moeda são únicos também. Para que uma união monetária – como a União Europeia – seja viabilizada, é necessária a convergência de políticas econômicas, regras fiscais, bem como amplo diálogo entre os Ministérios da Economia. O aspecto negativo muito comentado da união monetária é que, quando um país passa por algum tipo de crise econômica, não pode tomar ações unilaterais para reagir (como a desvalorização da própria moeda) e precisa responder à crise de forma coordenada com os demais países do acordo.

Percebe-se que, na integração regional, o nível posterior consiste nas características do nível anterior acrescidas de mais algumas. O Mercosul (Mercado Comum do Sul), composto por Argentina, Brasil, Paraguai, Uruguai e Venezuela (suspensa), é um mercado comum imperfeito, por não ter todas as características de uma união aduaneira nem de um mercado comum em pleno funcionamento.

Em relação aos negócios internacionais, a integração regional fornece uma oportunidade: é mais fácil negociar e internacionalizar para países-membros do bloco econômico do qual o país faz parte. Isso se dá, pois o tratamento tarifário dos produtos tende a ser mais benéfico. Por outro lado, esses blocos podem representar uma barreira para os produtos externos: é muito mais fácil que um produto francês entre na Itália do que um produto brasileiro. Além do maior custo logístico, os produtos brasileiros certamente serão mais tributados do que os produtos italianos.

Num cenário assim, vender para outros blocos exige não apenas largos conhecimentos em negócios internacionais, mas também a oferta e a geração de produtos de altíssima qualidade e de alto grau de inovação.

Uma oportunidade que se desenha para os negócios internacionais das empresas brasileiras é o acordo entre o Mercosul e a União Europeia. Após quase 20 anos de negociação, o acordo foi finalmente celebrado em 2019, e está em processo de ratificação nos parlamentos da Europa e do Mercosul. Uma vez plenamente ratificado, esse acordo constituirá a maior área de livre comércio do mundo, com quase 800 milhões de habitantes. Os produtos europeus entrarão nos países do Mercosul a preços menores, o que forçará as indústrias da Argentina, Brasil, Paraguai e Uruguai a se aperfeiçoar e inovar. De outro lado, os produtos do Mercosul gozarão dos mesmos benefícios para entrar na União Europeia. Até o momento, percebe-se grande preocupação dos agricultores franceses, cujo agronegócio de menor escala terá grandes dificuldades para competir com os produtos vindos do Mercosul.

A busca por oportunidades de negócio

Um termo bastante frequente na literatura de negócios é "estratégia". A estratégia é um componente onipresente de toda atividade que possui concorrência. Ela pode ser encontrada em leituras a respeito de geopolítica, em jogos on-line ou em qualquer outro momento da vida em que algo está em disputa entre mais de um concorrente. Isso ocorre, pois há estratégia em tudo, ainda que de forma distinta. Pode ser a estratégia de um país em sua política comercial ou mesmo a estratégia de um time de futebol.

A estratégia foi algo exclusivamente militar durante séculos, pois os exércitos foram as maiores organizações que dependiam de movimentos rápidos e certeiros durante muito tempo. O crescimento das empresas num cenário de pós-guerra foi o que aproximou esse tema antes de interesse exclusivamente militar do cenário empresarial.

Em negócios internacionais, empresas, organizações e entidades do terceiro setor preparam-se através de estratégias para fazer algo ou para enfrentar uma nova situação. É exatamente por isso que, neste capítulo, será apresentada a estratégia, e como ela é útil na busca de fontes de oportunidades de negócios e na entrada e operação de uma empresa em mercados globais.

ESTRATÉGIA E ESTRATÉGIAS: ENCONTRANDO CLIENTES OU FORNECEDORES

Para traçar uma estratégia, é necessário entender para que serve. Trata-se da criação de um plano de ação para atingir um objetivo. Pode-se querer adquirir um novo sistema operacional para a empresa, iniciar um curso ou passar as férias num destino badalado. Esse é o objetivo. Para alcançá-lo, percebe-se que é necessário guardar 20% do salário mensalmente, ter uma nova atividade para angariar renda extra e tirar ou renovar o passaporte. Assim, tendo em mente o objetivo, reduzem-se os gastos mensais para poder guardar dinheiro, passa-se a vender doces caseiros e busca-se a Polícia Federal para agendar a emissão do passaporte. Essa é a estratégia.

Criar uma estratégia é – de maneira simplificada – como planejar uma viagem, mas com muita coisa para colocar na mala e com a necessidade de planejar o trajeto. Toda estratégia começa com uma visão de futuro, com a clareza de onde se quer chegar e o que o faz querer chegar lá. Na sequência, desenvolve-se um plano de ação que permita alcançar o objetivo proposto. Por isso, muitas organizações declaram uma missão – sua razão de existência – e uma visão – aonde querem chegar.

Michael Porter, professor de estratégia da Universidade de Harvard e um dos mais aclamados nomes da área, defende que a estratégia consiste num conjunto de ações ofensivas ou defensivas tomadas por uma determinada organização. Porter utiliza muito ideias de competição e competitividade, que marcaram sua obra. Seja qual for a definição que se adote, uma coisa é fato: estratégia tem a ver com um futuro desejado e com maneiras para alcançá-lo. Isso vale não apenas para os negócios internacionais, mas também para os negócios domésticos. Uma boa estratégia deve levar em consideração características do ambiente onde se está e as próprias características.

Por exemplo: é muito simples que uma empresa *queira* internacionalizar, mas se ninguém nessa empresa conseguir falar uma língua estrangeira ou se não houver disponibilidade de recursos para adaptar produtos ou custear as primeiras etapas da internacionalização, essa estratégia simplesmente não vingará. Ou seja: a estratégia deve levar em conta os recursos de que a organização dispõe.

Nesse ponto, a estratégia e o planejamento se aproximam. Muitas vezes tratados como sinônimos, ambos os campos possuem diferenças amplas. Embora alguns autores e estudiosos da área, como Henry Mintzberg, afirmem que estratégia e planejamento não conversem, pode-se afirmar de forma simples que o planejamento consiste em colocar os objetivos e as possibilidades no papel. Isso não é algo que deva ser feito apenas uma vez no ano e depois guardado na gaveta, como ocorre numa imensa quantidade de organizações. Da mesma forma, pode-se afirmar que é a falta de uma estratégia clara com metas atingíveis que faz com que uma grande quantidade de empresas no Brasil não passe do segundo ano de atividade. No Brasil, muitas empresas adotam a chamada estratégia emergente: não se planeja de antemão e as organizações apenas respondem às oscilações de mercado – demanda, concorrência, questões financeiras – sem um objetivo claro.

De outro lado, muitos estrategistas defendem que o planejamento deve ocorrer de forma cotidiana: coloca-se uma meta e a cada dia monitora-se quão próximo ou quão distante se está do objetivo previamente definido. Se está próximo, talvez seja possível buscar metas mais audaciosas. Se está distante, talvez seja possível corrigir o curso de ação para se aproximar do objetivo. Muitas empresas, no entanto, ou guardam a estratégia para os executivos de mais alto nível ou sequer a possuem.

É aí que entra uma diferença: as estratégias deliberadas e as estratégias emergentes. As deliberadas são aquelas planejadas, pensadas de antemão. As emergentes, como comentado, são aquelas criadas em reação às mudanças num determinado mercado. Nacionalmente, a maior parte das empresas parte de estratégias emergentes, o que pode gerar desperdícios de recursos e tempo. É o que ocorre quando não há objetivos claros.

Para criar uma estratégia, inicia-se com um objetivo. Uma vez que se sabe qual o objetivo, deve-se questionar se esse esforço vale a pena. Em alguns casos, o investimento pode ser muito alto para um retorno relativamente baixo, ou será algo que levará muitos anos até pagar novamente o que foi gasto. O segundo ponto deve ser em relação à competição. Questiona-se se é possível se destacar no nicho escolhido ou se é um ambiente de intensa concorrência e competição, no qual a organização pode rapidamente sumir. Casos em que é necessário um investimento menor para adentrar num dado mercado tendem a ser mais concorridos. Assim, buscar diferenciais é fundamental.

Na sequência, vale questionar se a estratégia é algo que pode perdurar no futuro ou se atende a uma "moda" imediata. Por exemplo: viveu-se a onda dos bichinhos virtuais. Eles chegaram e sumiram num curto espaço de tempo. Poucos anos atrás, viveu-se a moda do Pokémon Go, aplicativo que foi febre durante poucas semanas, e logo deixado de lado. Toda estratégia que busca atender a fenômenos ou desejos efêmeros deve ser vista com muito cuidado: muitas vezes, até desenvolver e oferecer o produto ou serviço aos consumidores, a febre que motivou a demanda pode ter passado.

O próximo ponto é pensar em viabilidade: é possível fazer o que se propõe? Há recursos suficientes, sejam humanos, financeiros ou técnicos? Todos esses questionamentos olham para o lado de dentro da organização. Isso, no entanto, não basta, e as boas estratégias devem também considerar o lado de fora, fato que envolve clientes, concorrentes, mercados e ambientes de atuação. Boas estratégias conseguem analisar os recursos internos e o ambiente externo.

A chamada "análise externa" para a estratégia busca compreender melhor o contexto no qual uma dada organização está presente e como se portar nesse mesmo contexto – *clientes*: quem são (idade, gênero, localização, faixa de renda), preferências, necessidades, padrões de compra (quantas vezes ao ano/mês/semana), local de compra; *concorrentes*:

quem são, quais seus preços médios, onde vendem, quais seus pontos fortes ou fracos e como se posicionam no mercado; *mercado*: onde vender, qual a lucratividade média, se existem barreiras de entrada, como os produtos são distribuídos num dado segmento; *ambiente*: qual a interferência do governo no negócio, qual a tributação média do setor, quais as perspectivas de crescimento e de futuro.

Olhando para dentro e para fora da empresa, consegue-se perceber a melhor forma de posicionar a estratégia. Não adianta nada, por exemplo, ofertar exclusivamente on-line um produto para consumidores que estão acostumados a comprar de modo presencial. Da mesma forma, não se pode anunciar somente no rádio para um público-alvo que tem buscado apenas o Spotify.

Uma forma de conseguir sintetizar algumas dessas informações internas e externas é através da chamada análise SWOT, que considera as forças (*strengths*), fraquezas (*weaknesses*), oportunidades (*opportunities*) e ameaças (*threats*). Preenchendo cada quadrante, pode-se ter uma visão interna (forças e fraquezas) e externa (oportunidades e ameaças).

A análise SWOT, no entanto, não basta. É necessário considerar todos os fatores apontados anteriormente para criar uma estratégia que possa de fato conduzir a organização ao seu objetivo principal. Alguns estrategistas apontam que há uma tendência de que sempre se aumentem as próprias forças e oportunidades e que não se visualizem corretamente as próprias fraquezas e as futuras ameaças. Por isso, ao traçar uma estratégia, a dica é nunca parar de buscar informações e conhecimentos sobre o mercado onde se opera ou se operará. Estar sempre atento aos concorrentes, ao que e como fazem é também essencial.

Outro ponto fundamental é o monitoramento constante: se uma estratégia foi traçada para um ano, não é preciso esperar chegar ao final dos 365 dias para avaliar seu progresso. O monitoramento permite que se saiba onde está e o que é necessário fazer para seguir no caminho correto. Mudanças no ambiente econômico ou demográfico podem forçar adaptações e alterações estratégicas para o curto e médio prazo, e devem ser consideradas de imediato.

Michael Porter desenvolveu três estratégias competitivas genéricas que poderiam ser utilizadas por empresas que quisessem permanecer ativas e competindo num mercado. A primeira dessas estratégias genéricas é a de *liderança de custos*, que significa ter custos baixos de produção para reduzir o valor de venda dos produtos. Algumas empresas líderes de custo são aquelas que produzem e vendem em larga escala para compensar os preços mais baixos. Nesse caso, a lucratividade vem não das unidades vendidas, mas de uma grande movimentação de produtos. A vantagem é que líderes de custo tendem a vender mais por ofertarem produtos mais baratos, e a desvantagem é que qualquer problema em um lote de produtos ou com a devolução de um cliente pode consumir toda a margem de lucros – que nas estratégias de liderança de custos tende a ser mais exígua.

A segunda estratégia competitiva genérica é de *diferenciação*, em que o produto ou o serviço ofertado são não apenas da mais alta qualidade, mas também diferentes dos demais ofertados pelos concorrentes. Pode ser algo novo, distinto daquilo que já existe ou com novas funcionalidades. Nesse caso, os valores de venda dos produtos ou serviços costumam ser um pouco mais altos. Uma estratégia de diferenciação pode ser em relação ao ponto de venda, à reputação da marca, ao design ou ao marketing da organização. A vantagem é tornar-se sinônimo de uma área ou item, e a desvantagem é que algumas diferenciações podem ser copiadas por concorrentes e, por isso, exigem constante aprimoramento.

Por fim, há a estratégia genérica competitiva de *enfoque*, na qual as empresas direcionam seus esforços para mercados mais restritos ou para atender a necessidades específicas de um grupo mais restrito de consumidores. Pode ser o caso de algumas empresas do segmento de alto luxo ou de empresas farmacêuticas, cujos produtos tratam de problemas muito específicos. A vantagem é a baixa concorrência e a desvantagem é depender de um mercado que tende a ser menor.

Essas estratégias genéricas possuem potencial de aplicação internacional também. Primeiramente, uma estratégia internacional precisa ter os mesmos elementos e cuidados anteriormente apontados, somando-se a eles o fato de que se trabalhará com distâncias maiores, públicos com comportamentos e hábitos distintos, idiomas dissemelhantes, entre várias outras diferenças. Logo, todo cuidado é necessário na hora de se pensar estratégias de negócios internacionais.

Considerando todas essas disparidades entre o ambiente de origem e os potenciais mercados de destino, muitas empresas desenvolvem produtos específicos para os mercados externos. Em uma grande maioria de casos, esses produtos desenvolvidos para os mercados externos sequer são ofertados no país de origem da empresa. É o caso já citado da Coca-Cola, que no Brasil oferta guaraná e nos EUA, não. Nos EUA, por outro lado, há a Fanta sabor mirtilo, e no Brasil, não. Como visto anteriormente, essa oferta de produtos variados decorre do maior comprometimento das empresas multinacionais com a internacionalização. Empresas de menor porte podem efetuar pesquisas de mercado, entender os concorrentes e analisar outras organizações que internacionalizaram para o mercado alvo para ajustar a própria estratégia.

A oferta de itens específicos para mercados estrangeiros serve para se adaptar ao gosto e à preferência do público local. De nada adianta ofertar no exterior aquilo que só tem sucesso no Brasil, pois as chances de bons resultados são mínimas. O inverso é igualmente procedente: não é possível atingir o sucesso com um produto no Brasil se esse item não for demandado no país. Outro ponto importante que a estratégia internacional deve considerar são as normas do local de destino. No Brasil, tem-se o Código de Defesa do Consumidor que estabelece as normas das relações de consumo. Nos diferentes países certamente há normas equivalentes. Por exemplo, todo aquele que deseje ofertar itens alimentícios nos Estados Unidos precisa se submeter a regras e aprovações do FDA (Food and Drug Administration).

Da mesma forma que existem as estratégias genéricas de Porter, para os negócios internacionais há quatro linhas distintas a se considerar. A primeira delas é a *estratégia de replicação doméstica*, em que se aplica no exterior a mesma lógica de operação do mercado de origem. Serve para países culturalmente muito próximos (como EUA e Canadá, por exemplo) ou para a venda de produtos padronizados, como soja ou minérios.

A segunda dessas estratégias chama-se *estratégia multidoméstica*, em que os gestores das operações em cada país adaptam produtos, serviços e ofertas a sua realidade local, com ampla autonomia. Ideal para casos em que há alta necessidade de adaptação, e muito usada no caso de alimentação, por exemplo.

Uma terceira opção é a *estratégia global*, em que o controle das operações em distintos países é centralizado na matriz que permite ou não adaptações específicas para mercados também específicos. É o caso das franquias, nas quais a matriz decide se uma ou outra troca de produto pode ou não ser feita. Por exemplo, uma rede de *fast-food* americana, ao se instalar no Brasil, pode necessitar a troca de um ingrediente que aqui seja caro ou indisponível. Essa troca precisa ser aprovada pela matriz.

Por fim, há a chamada *estratégia transnacional*, em que a empresa coordena diferentes atividades de internacionalização desempenhadas em distintos países, visando padronizar ao máximo o que é ofertado. São os casos nos quais a manufatura ocorre numa nação, a pesquisa em desenvolvimento em outro país e as atividades de marketing são desenvolvidas em um terceiro local. É o que tem ocorrido, por exemplo, no setor farmacêutico: empresas alemãs fazem pesquisa e desenvolvimento em Cingapura e na Rússia e a produção na Inglaterra. Ou o caso da Apple, que desenha e cria seus iPhones no Vale do Silício, mas os produz na China e no Brasil.

Assim, pode-se afirmar que as estratégias de internacionalização não são replicáveis para empresas do mesmo setor, uma vez que cada uma pode possuir potencialidades e desafios diferentes. Cada caso é um caso, e os profissionais da área de negócios internacionais devem considerar as suas particularidades e as particularidades dos mercados de destino antes de optar por qual caminho seguir.

FONTES DE OPORTUNIDADE DE NEGÓCIO

Na sociedade da informação na qual se vive hoje, os negócios de sucesso são aqueles que resolvem problemas. Seja um problema de tempo, entregando algo diretamente nas casas dos consumidores; seja um problema de comparação de preços, mostrando prontamente os locais mais baratos para determinada compra. Quando os aplicativos disruptivos como o Uber ou a Netflix foram lançados, não se pode afirmar que seus fundadores criaram ou encontraram uma dada oportunidade. O que se pode afirmar com alguma certeza é que esses negócios foram criados por indivíduos de mentalidade inovadora.

Para internacionalizar e buscar novos mercados, o básico dos negócios internacionais é: encontrar demanda para aquilo que se produz ou encontrar oferta ou fornecimento daquilo que se precisa comprar. Para isso, missões empresariais são organizadas por setores específicos ou mesmo pelas Federações das Indústrias de cada estado. Assim, empresários brasileiros vão até feiras comerciais no exterior fazer contato com potenciais clientes ou fornecedores, conhecer empresas, produtos e pessoas. São momentos bastante proveitosos para *networking* e para se ter contato com realidades novas.

Muitos processos de internacionalização iniciaram-se dessa forma. Hoje com a internet conectando tudo e todos, fica um pouco mais fácil aprimorar-se na busca por clientes ou fornecedores internacionais. Nesse caso, a primeira exigência para qualquer organização que queira buscar mercados internacionais é que o site da empresa seja bilíngue para que ela possa ser encontrada com maior facilidade. Depois, pode-se buscar os chamados diretórios comerciais para divulgar produtos ou serviços (pode ser no próprio AliBaba.com). Tudo começa com a exposição da empresa e do profissional à realidade dos mercados globais.

Na busca por oportunidades, existem algumas situações que tendem a trazer chances de bons negócios. A primeira dessas situações é a própria tecnologia. Vive-se de forma conectada 24 horas por dia, e foi a tecnologia, a internet móvel e os smartphones que permitiram o surgimento do iFood, do Spotify e de tantos outros aplicativos. Essa nova situação abre um leque imenso de oportunidades: por exemplo, aplicativos que facilitem o aprendizado de novos idiomas, ou que conectem compradores e vendedores dentro de uma plataforma. Aqui, ainda pode haver setores inexplorados esperando uma boa ideia.

Atualmente, toda essa tecnologia tem gerado novas ondas de desenvolvimento, e o início do uso comercial dos drones para entregas e coletas está muito próximo. Quanto mais comum se tornar o uso dos drones, mais surgirão negócios de apoio para a manutenção, venda ou reposição de peças.

O falecido professor da Universidade de Harvard, Clayton Christensen, ensinou sobre a chamada *inovação disruptiva*. Trata-se daquelas inovações que simplificam o uso de produtos ou serviços e os tornam acessíveis àqueles que anteriormente não os utilizavam. Por exemplo, os *Chromebooks* ou computadores Positivo, que são ou foram mais baratos do que os concorrentes do mercado de então e focavam pessoas que estavam adquirindo seus primeiros computadores pessoais. Foram disruptivos, uma vez que permitiram que pessoas que até então não usavam ou não adquiriam computadores pudessem tê-los em casa pela primeira vez.

Outro exemplo foi a montadora japonesa Honda, que levou aos Estados Unidos motos menores e mais baratas do que aquelas que eram ali comercializadas. Enquanto a oferta de motocicletas nos EUA era das grandes e caras Harley Davidson e Triumph, a Honda desembarcou no mercado como um produto menor, mais barato e de manutenção simples. Com isso, conquistou consumidores que não poderiam adquirir as motos até então ofertadas. Foi também o que fez a também japonesa Sony, na época em que a música era tocada em grandes e desajeitados rádios. Os primeiros Sony Walkman tornaram a música portátil, o que agregou uma legião de novos compradores. *Isso é disrupção*.

Não é apenas na inovação disruptiva que existem oportunidades. *Novos conhecimentos* são também boas fontes de novos negócios. Muitas pessoas aumentaram suas rendas costurando máscaras de tecido para vender em meio à pandemia da covid-19. Soube-se que as máscaras poderiam reduzir o risco do contágio. Logo, desenvolveu-se um produto simples que se adequava às necessidades de então.

Um outro caso pode ser o uso do *goji berry*. Novos conhecimentos nos informaram sobre seus benefícios à saúde. Como consequência, mais e mais produtos surgiram usando o fruto, desde pães e iogurtes até barras de cereal. Isso também vale para o chá verde, quando seus benefícios à saúde se tornaram conhecidos. A oferta desse produto no mercado aumentou. Somando-se a questão do novo conhecimento sobre o benefício do item ao costume de um povo, a sorveteria Häagen-Dazs lançou sorvete de chá verde no Japão e na China.

Outra importante fonte de oportunidades são os *novos hábitos do consumidor*. Sabe-se que cada vez mais brasileiros, estadunidenses, argentinos e chilenos estão em busca de uma vida mais saudável. Como consequência, redes de *fast-food* tiveram uma queda na demanda por seus produtos em detrimento da comida saudável. Isso levou ao surgimento de novas redes de lanches rápidos com propostas distintas. As próprias redes tradicionais de *fast-food* passam a ofertar novos lanches, como saladas e frutas. É possível que a internacionalização do açaí tenha ocorrido para atender justamente a esse novo hábito.

Outra comum fonte de oportunidades para novos negócios são as mudanças legais. Um determinado governo cria uma regra à qual empresas e a população em geral devem obedecer. Houve uma época em que a União Europeia proibiu que as casas tivessem forro de PVC, o polímero plástico. O fundamento da proibição foi que, em casos de incêndio, o PVC liberaria gases tóxicos. A nova regulamentação permitiu que dezenas de empresas ofertassem materiais que substituíssem o PVC para a forração das moradias, como gesso e *drywall*. Houve, aqui, uma oportunidade de internacionalização para o continente europeu.

Há também uma área muito promissora, na qual avanços são sempre bem-vindos, que é o campo para produtos e soluções sustentáveis. Seja na criação de novas formas de geração de energia, produção ou construção com uso menor de recursos e menor desperdício, seja na fabricação de produtos cotidianos de forma mais enxuta, o futuro precisa ser sustentável. Embora nem todos tenham percebido, vivemos num planeta de recursos finitos. Um importante farol que nos auxilia a avaliar se estamos ou não no caminho certo são os Objetivos do Desenvolvimento Sustentável (ODS).

Toda iniciativa que nos permita realizar algum desses objetivos certamente é digna não apenas de apreciação, mas também será muito bem-vinda. Um exemplo são as redes de troca de roupas *second hand*, que já chegaram ao mercado de marcas de luxo. Em vez de se descartar uma peça, troca-se com outras pessoas em plataformas on-line. Essa é uma dentre várias iniciativas de consumo compartilhado, que tem se mostrado uma tendência importante para os próximos anos.

AMEAÇAS E CUIDADOS ESSENCIAIS

Imaginando que uma oportunidade de negócios foi encontrada no exterior, muitos empresários e profissionais questionam-se a respeito do que fazer primeiro. Antes de mais nada, é prudente escolher a forma de internacionalização que se utilizará. Essa escolha depende não apenas do tipo de oportunidade encontrada, mas também das características do mercado de destino.

Primeiramente, é necessário analisar os sistemas políticos e legais tratados no capítulo anterior. Ambientes mais instáveis ou aqueles cujas regulamentações políticas e legais sejam complexas e de difícil entendimento necessitam de modos de internacionalização que envolvam menos recursos. Alguns autores da área, como Ferreira, Reis e Serra (2011), apontam que mercados de países menos desenvolvidos tendem a ser mais arriscados. Isso ocorre em parte pela falta de marcos regulatórios em setores importantes. Imagine-se que uma *joint venture* é criada para desenvolver uma rede de lojas de vestuário num dado país que, no meio sua operação, proíbe empresas estrangeiras de enviar seus lucros para o exterior. Por mais possível que seja os países alterarem suas legislações internas, essas alterações devem ser precedidas de um processo legislativo democrático no qual decisões importantes, e com potencial de afetar muitos *players*, não sejam tomadas de forma abrupta.

Outro ponto a se considerar são as barreiras e os incentivos. Uma barreira nada mais é do que um obstáculo, um entrave ao comércio. As barreiras podem ser tarifárias – quando a tributação das importações é elevada – ou sanitárias e fitossanitárias, aquelas direcionadas aos produtos de origem animal ou vegetal. Enviar produtos animais para a União Europeia ou Estados Unidos tende a ser um processo um tanto burocrático, pois necessita de uma série de autorizações de órgãos reguladores.

De outro lado, pode haver incentivos. São estímulos dos governos locais para que negócios de setores de interesse se estabeleçam ali. Alguns países tendem a conceder benefícios fiscais e tributários para grandes empresas com potencial de geração de muitos empregos. É o que houve no Brasil com a chegada de montadoras de automóveis, que receberam benefícios da União e dos estados. Nesses casos, é comum que a internacionalização ocorra via investimento estrangeiro direto.

ENTRANDO E OPERANDO EM MERCADOS GLOBAIS

Um dos mais frequentes questionamentos em negócios internacionais refere-se à escolha do mercado para a internacionalização. Se o planejamento estratégico foi alvo de atenção suficiente, e buscaram-se informações sobre potenciais mercados de destino, pode-se ter encontrado um ambiente no qual haja demanda por aquilo que uma determinada empresa fabrica ou pelo serviço que presta; ou pode-se ter encontrado um potencial fornecedor para algo de que uma organização necessita. Neste último caso, a decisão é mais simples: importação.

Nos demais, é necessário dedicar um pouco mais de atenção a algumas questões. Pensemos que há demanda por aquilo que uma determinada empresa oferta num outro país. O primeiro passo é analisar qual forma de internacionalização é a mais viável. Como visto anteriormente, para início de operações, as exportações são ideais por serem menos arriscadas. No entanto, a maior parte das exportações não é feita diretamente ao consumidor final, mas a alguma outra empresa. É aqui que entra uma distinção importante: *B2B* e *B2C*.

Quando uma empresa vende seus produtos diretamente ao consumidor final, diz-se que ela efetua uma operação B2C (*business to consumer*), na qual o consumidor final é normalmente uma pessoa física. Como se pode imaginar, a grande movimentação comercial global não é B2C, até porque dificilmente pessoas físicas comprariam toneladas de soja, de minério ou contêineres inteiros de um só item.

De outro lado, há as vendas B2B (*business to business*), em que uma empresa vende seu produto diretamente para a outra. É exatamente aqui que a grande parte das transações comerciais internacionais se enquadra. É o caso da Embraer vendendo seus aviões para a British Airways. Nota-se que negócios internacionais de maior escala são B2B. A questão central é ser capaz de atingir esse outro negócio no exterior, despertando seu interesse em adquirir os produtos que a organização oferta ou os serviços que presta. Empresas brasileiras buscam departamentos de compras de outras empresas em outros países. Aqui, cuidados com a negociação têm extrema relevância e passam por necessárias adaptações culturais. Enquanto, por exemplo, negociar com estadunidenses e alemães é um processo direto e objetivo, negociar com chineses e japoneses pode ser um processo mais extenso. Por isso, considere sempre um estudo prévio da cultura e práticas de negócio de seus interlocutores.

Uma vez que há alguma outra organização no exterior para a qual se possa vender, e já se decidiu a maneira pela qual a internacionalização será iniciada, existem duas novas preocupações: contrato e forma de pagamento (que normalmente é disposta no próprio contrato). Um contrato é um documento que visa estabelecer um vínculo jurídico entre duas partes, identificando cada uma. Além disso, o que está sendo transacionado, os valores combinados, os prazos, a forma de pagamento e a modalidade de transporte estão ali. Aqui há uma primeira complicação: o fato de que ao exportar ou importar se está tendo contato com uma outra empresa em outro país e, consequentemente, em outro sistema jurídico ou legal.

Nos contratos internacionais, é possível escolher qual lei será aplicada para reger a relação entre as partes. Se a brasileira ou se a lei do país de origem ou destino da mercadoria, por exemplo. Isso é um pouco complicado, pois, para escolher a lei de um país que não o próprio, precisamos conhecê-la. Aqui começam algumas desavenças entre comprador (que quer a aplicação da lei de seu país) e vendedor (que também pede a aplicação da lei de seu país).

Aos poucos, o mundo está convergindo para regras comerciais e contratuais comuns, o que tem facilitado muito as transações comerciais. A Organização das Nações Unidas (ONU) criou e instituiu a CISG (*Convention on International Sales of Goods* ou, em português, Convenção para a Venda Internacional de Mercadorias). A CISG foi aceita por mais de 70 países e hoje cerca de três quartos do comércio global são regidos por suas disposições, que substituem a necessidade de escolher uma lei aplicável (se a lei do país A ou a lei do país B).

Além do contrato internacional, outros documentos são bastante importantes. Tradicionalmente, as operações de exportação ou importação iniciam-se com a chamada fatura proforma (*proforma invoice*), que nada mais é do que uma cotação, o *starter* do negócio. Quando o comprador aceita os termos da fatura e emite-se o contrato, a empresa exportadora precisa emitir também uma fatura comercial (*commercial invoice*), na qual constarão a descrição dos bens, os endereços e as formas de transporte, dentre outras informações.

Para alguns produtos, pode ser necessária a emissão do chamado *certificado de origem*, que garante que um determinado produto foi fabricado num determinado país. Isso é necessário para comprovar que o item foi efetivamente fabricado no país de onde está saindo. No Brasil, são as entidades representativas de classe que emitem esses certificados. Por exemplo, é a Associação Brasileira da Indústria de Máquinas e Equipamentos (ABIMAQ) que certifica que uma dada máquina foi mesmo feita aqui.

Outro ponto bastante relevante refere-se à forma e ao método de pagamento. Em negócios internacionais, trabalha-se com uma multiplicidade de moedas diferentes, com cotações muito distintas que oscilam a todo momento. Por isso, a boa escolha da forma de pagamento é essencial. A forma mais segura e mais utilizada para pagamentos internacionais é a denominada carta de crédito, chamada também de carta de crédito documentário. Nessa modalidade, os bancos do comprador e do vendedor efetuam um contrato entre si, pelo qual um deles se compromete a receber do importador e enviar ao banco do exportador, e o banco do exportador se compromete a receber do exterior e entregar ao efetivo exportador. Trata-se de uma modalidade de pagamento de 9 ou 10 etapas, na qual se especificam até mesmo os documentos que o exportador deve apresentar, como faturas, certificados e comprovação de que a mercadoria foi efetivamente embarcada para o exterior.

É importante definir, também, para o sucesso das operações comerciais internacionais, o Incoterm que será utilizado. Um Incoterm é um termo internacional de comércio que especifica até onde vai a responsabilidade de cada parte sobre o transporte e o seguro da mercadoria, o que será visto no capítulo "*Global sourcing*, intermediários, facilitadores e questões operacionais".

Por fim, para a entrada e operações em mercados internacionais, é importante também considerar o contato com clientes e distribuidores locais. Imagine uma empresa que vende produtos alimentícios, coisa que o Brasil muito exporta. Nesse caso, é difícil manter a internacionalização apenas na modalidade B2C, sendo necessário o contato com lojas, supermercados ou restaurantes para que sua operação seja viável e vantajosa.

Percebe-se que por trás de cada ponto, de cada uma dessas escolhas, está a estratégia. Uma boa estratégia deverá considerar cada um desses fatores. Atualmente, na era da hiperconcorrência, empresas e profissionais devem estar sempre atentos às mudanças dos mercados e dos países. Dessas mudanças podem surgir oportunidades e novas situações, e saber utilizá-las de forma favorável é, certamente, um grande trunfo.

Depois das oportunidades — avaliações e reavaliações

A maioria das empresas brasileiras, quando se engaja nos negócios internacionais, o faz através das exportações. Surpresos com a burocracia, com as necessidades de adaptações de produtos e serviços e com os riscos, muitos desistem. De outro lado, aqueles que insistem na internacionalização e nos negócios internacionais tendem a prosperar no longo prazo. É ilusão acreditar que as primeiras operações nos mercados externos serão altamente lucrativas, uma vez que os benefícios financeiros tendem a vir depois de algumas exportações – e não logo após a primeira. Da mesma forma, é ilusão acreditar que sempre será possível vender no exterior o produto vendido no mercado doméstico sem adaptações.

Para isso, não basta uma única operação internacional. Não basta encontrar uma única oportunidade ou um único cliente. Depois das primeiras operações, avaliar e reavaliar cenários para se inserir cada vez mais em dezenas de locais pelo mundo é fundamental. Para isso, alguns conhecimentos em marketing, recursos humanos e finanças são igualmente imprescindíveis. Quanto mais engajada em operações internacionais, melhor deve ser o retorno à organização no médio e no longo prazo. Além da redução da dependência de um só mercado, os negócios internacionais permitem uma nova configuração para a empresa internacionalizada, como será demonstrado no decorrer deste capítulo.

TAREFAS ESSENCIAIS NOS NEGÓCIOS INTERNACIONAIS

Uma vez que as oportunidades de negócio no exterior foram devidamente avaliadas e estão sendo aproveitadas, o passo seguinte é a organização da empresa para suas atividades internacionais. No caso brasileiro, isso envolve o ajuste da organização aos mandamentos legais. Por exemplo, toda operação de importação ou exportação começa no ambiente virtual do Sistema Integrado de Comércio Exterior da Receita Federal do Brasil (Siscomex). Para ter acesso ao Siscomex, a empresa precisa estar habilitada, o que pode ser feito pelo próprio site da Receita Federal. É necessário, inicialmente, que operações de importação e de exportação estejam constando no contrato social dessa organização. Veremos mais sobre essas regulamentações, mandamentos legais e burocracias no próximo capítulo.

Além desses ajustes, é necessário ter claro o que a empresa espera de seu envolvimento em negócios internacionais. Vender mais pode ser uma meta, embora esse não seja o objetivo ideal e acabe sendo genérico demais. Pode-se apontar como um potencial objetivo das operações internacionais a redução na sazonalidade das vendas. Por exemplo, alguns produtos (como brinquedos ou chocolates) tendem a ser mais vendidos numa determinada época do ano (Natal e Dia das Crianças ou Páscoa) do que nas demais. Assim, a empresa que internacionaliza pode manter suas vendas altas em várias épocas do ano, não apenas nos períodos de maior procura.

Uma outra potencial razão para a busca pelos negócios internacionais é a economia de escala: ao produzir mais para atender a mercados externos, uma determinada empresa consegue reduzir seus custos unitários de produção. Uma terceira razão para internacionalizar é criar contatos, ter novas sinergias e conhecer consumidores, formas de compra e venda ou maneiras de se gerenciar de outros países.

Uma quarta razão para internacionalizar é pela busca de crédito ou de juros baixos. É o caso de muitas empresas que efetuam IED nos EUA e começam a operar a partir de lá. Naquele mercado, é possível obter empréstimos bancários a juros muito mais baixos do que no Brasil, o que pode ser essencial para o desenvolvimento e crescimento de uma dada organização. Por fim, uma quinta razão é a possibilidade de se beneficiar de acordos comerciais. Muitas empresas dos EUA, por exemplo, passaram a produzir no México contando com mão de obra e custos mais baixos e, por conta do tratado do Acordo de Livre Comércio da América do Norte (Nafta), podem enviar esses produtos para o Canadá e os EUA sem a cobrança de grandes tarifas de importação.

É necessário entender as razões pelas quais as empresas querem internacionalizar, pois cada razão necessita de uma abordagem diferente. Para aproveitar juros baixos e acordos comerciais pode ser necessário, por exemplo, realizar um IED. Para evitar a sazonalidade de vendas e obter economias de escala, as exportações são ideais. Para obter novas sinergias e contatos com fornecedores, clientes ou parceiros comerciais, as *joint ventures* podem ser muito úteis.

Já se abordou a busca de oportunidades anteriormente, mas é necessário ressaltar que, num mundo com duas centenas de países, é inviável analisar cada um deles individualmente. Por isso, sugere-se a pesquisa por aqueles onde a chance de retorno e sucesso seja melhor. Podem-se descobrir esses locais pesquisando quais são os que mais importam o que minha empresa oferece ou produz, e aqueles que menos importam. Os que mais importam podem ter maior necessidade de determinados itens e, ao comparar os preços do produto ofertado para os consumidores desse país, pode-se verificar se o seu é mais barato ou mais caro. Aqueles que menos importam podem ter uma baixa necessidade pelo que uma determinada organização faz ou até mesmo podem estar mal supridos desse item. Se for o segundo caso, as chances de sucesso são maiores.

Ainda sobre as chances de sucesso, segundo Cavusgil et al. (2010: 260), existem fatores que permitem prever se um determinado produto é ou não adequado aos mercados internacionais. O primeiro indicativo é analisar se os itens vendem bem no mercado doméstico: produtos bem aceitos internamente podem ser bem aceitos externamente em ambientes de condições semelhantes. O segundo ponto é questionar se os produtos ou serviços atendem a necessidades universais: itens médicos ou de higiene, necessários globalmente e relativamente padronizados. O terceiro quesito é questionar se os produtos suprem uma necessidade não atendida em determinados mercados estrangeiros: algo que é corriqueiro em um país pode ser inexistente no outro, ou pode haver uma demanda inicial por algo não ofertado ali. Por fim, deve-se questionar se os produtos ou serviços atendem a uma necessidade nova ou emergente no exterior: produtos e serviços que, repentinamente, passam a ser solicitados fora de seu país.

Seja qual for o caso, cada um desses quatro itens permite antever um maior potencial de sucesso. Outro ponto bastante importante para a internacionalização é o entendimento do potencial do mercado de destino. Trata-se de saber quantas pessoas no outro país estariam dispostas a comprar o que se oferta. Em se tratando de produtos para o grande público, como roupas, alimentos, eletrônicos, bebidas ou mobiliário, é necessário segmentar o mercado para entender quantas pessoas poderiam adquirir esse item. Falaremos sobre isso logo adiante, quando discutirmos o marketing na empresa global.

Por fim, um cuidado crítico nos negócios internacionais relaciona-se às patentes e ao registro de marcas. Sabe-se que muitos países são lenientes com as cópias não autorizadas, e isso é sempre um grande risco. Para evitar dissabores com cópias não autorizadas ou violações de propriedade intelectual, as patentes são altamente recomendadas.

No Brasil, as patentes ficam a cargo do Instituto Nacional da Propriedade Industrial, o Inpi. Pelo mundo existem bancos de dados como o Wipo (World Intellectual Property Organization), e na Europa há o Departamento Europeu das Patentes. Além de patentear uma invenção ou algo exclusivo, o registro da marca é altamente recomendável.

MARKETING NA EMPRESA GLOBAL

Marketing é um daqueles termos que, para não conhecedores, podem ter um significado muito distinto do que realmente é. O pai do marketing, Phillip Kotler, e Kevin Keller (2013: 3) apontam a definição da American Marketing Association (AMA) como "atividade, o conjunto de conhecimentos e os processos de criar, comunicar, entregar e trocar ofertas que tenham valor para consumidores, clientes, parceiros e sociedade como um todo". Ou seja, o marketing serve para entregar uma oferta para o consumidor e para a sociedade. É algo que uma empresa pode usar para avisar aos seus potenciais compradores de que há uma nova opção de compra num dado segmento.

Mais do que entender o que é marketing, é necessário compreender como gerenciá-lo. Kotler e Keller (2013: 3) apontam a administração de marketing como a "arte e a ciência de selecionar mercados-alvo e captar, manter e fidelizar clientes por meio da criação, entrega e comunicação de um valor superior para o cliente". Pode-se perceber que marketing é muito mais do que propaganda, é muito mais do que divulgação, é muito mais do que conduzir os consumidores ao processo de compra.

Marketing envolve entender se os indivíduos de um determinado grupo estão bem servidos daquilo de que necessitam ou se há demanda por algo. Envolve saber onde ofertar um determinado produto e qual o potencial de um dado mercado. Por isso, se diz que o marketing interessa não apenas a quem produz bens ou presta serviços, mas também a organizações das mais variadas, a cidades e locais, e até mesmo a experiências.

Uma das ideias centrais é que os profissionais de marketing sejam capazes de influenciar a demanda pelos produtos de uma empresa em detrimento dos produtos de seus rivais. Além disso, no marketing, há um tema central muito usado: mercado. Nesse caso, não significa um supermercado ou uma loja, mas um ambiente onde vendedores e compradores transacionam um tipo de produto. Por isso, pode-se ouvir falar em "mercado automobilístico" ou "mercado de tecnologia".

Para entender onde num dado mercado um produto ou serviço são ofertados, entram alguns outros termos. É possível que sejam ofertados no mercado físico, nas lojas tradicionais; ou no mercado virtual, via e-commerce. Na área do marketing também se utiliza muito o termo *demanda*, que nada mais é que o desejo da compra por algo. A demanda pode ser *plena*, quando tudo aquilo que é ofertado no mercado é comprado; *inexistente*, quando o produto ou o serviço são desconhecidos ou não necessários; *latente*, quando nada do que é ofertado no mercado satisfaz as necessidades dos consumidores; *excessiva*, quando aquilo que é ofertado no mercado não atende a todos, e há mais demanda que oferta; ou em *declínio*, quando as compras e desejos por um produto e serviço vão caindo no passar do tempo. No início da pandemia de covid-19, por exemplo, havia uma demanda excessiva por máscaras faciais e álcool 70º. Atualmente, há uma demanda inexistente por videocassetes e aparelhos afins.

De mercado para mercado, as demandas podem ser diferentes. Por exemplo, um mesmo produto que nos Estados Unidos possui demanda em declínio pode possuir demanda plena no Brasil; ou quando aquilo que no Brasil tem demanda latente, no exterior pode ter demanda inexistente. Por exemplo: quando o Sony PlayStation 4 foi lançado pelo mundo, havia uma demanda latente por esse produto no exterior, mas a demanda latente no Brasil ainda era o Sony PlayStation 3. Isso acontece, pois os desejos e as demandas dos consumidores variam de mercado para mercado e ocorrem em função de diversas questões, como custo.

Para entender se há pessoas dispostas a comprar o que se oferece, é preciso compreender e analisar o mercado alvo pelo viés do marketing.

Um mercado alvo é um grupo de consumidores que podem comprar o produto ou serviço ofertado. Por exemplo, se a empresa oferta roupas sociais masculinas em tecidos nobres (que são mais caros), o mercado alvo deve ser de homens que utilizem roupas sociais dentro de uma determinada faixa de renda condizente com os produtos ofertados, de forma que lhes permita adquirir esses itens de vestuário num maior preço. Ou, então, se a organização oferta alimentação saudável para praticantes de exercício, o mercado alvo são as pessoas numa faixa de idade determinada que praticam exercícios físicos.

É entendendo o mercado alvo que se pode criar, bem como gerenciar ofertas direcionadas a esse público, posicionadas de modo a atingir esses potenciais consumidores. Para atingir corretamente o mercado alvo, os profissionais de marketing utilizam-se dos chamados canais de marketing, que são: canais de comunicação – jornais, rádios, TVs, anúncios em redes sociais; canais de distribuição – lojas físicas, centros de distribuição, varejistas em geral; canais de serviços – transportadoras, bancos e os negócios de suporte, que permitem a divulgação, a compra e a venda.

Todas as ofertas e atuações de marketing de uma empresa ocorrem no chamado ambiente de marketing. O ambiente de marketing divide-se em dois: microambiente de marketing – envolve todos aqueles que trabalham diretamente na veiculação de uma oferta, como a empresa que manufatura um item, seus profissionais, clientes e distribuidores; e macroambiente de marketing – envolve o ambiente no qual a empresa opera e, segundo Kotler e Keller (2013: 10), compõe-se do "ambiente demográfico, ambiente econômico, ambiente sociocultural, ambiente natural, ambiente tecnológico e ambiente político-legal".

Ou seja, não se pode pensar em marketing considerando apenas o microambiente, diretamente relacionado à empresa ou à oferta. É necessário entender o macroambiente: se as pessoas de um determinado local não possuem mais desejo por aquilo que oferto, ou se sua cultura e hábitos de consumo não demandam aquilo que produzo, minha oferta tende a naufragar.

Dentro das discussões de marketing, outro termo tem grande importância: a concorrência. Seja lá qual for a área de atuação, dificilmente a empresa será a única. Quando se fala em concorrência, não se refere apenas àquelas organizações que ofertam o mesmo produto ou o mesmo serviço, mas também àquelas que ofertam os chamados produtos substitutos. Um produto substituto não é igual ao que a empresa produz, mas concorre com ele pela preferência do consumidor.

Um bom marketing possui quatro pilares básicos, comumente chamados de "quatro P do marketing": **P**roduto, **P**reço, **P**romoção e **P**raça. Quando se pensa no "P" de produto, pensa-se na variedade, tipo, nome, design que um item possui. Quando se pensa no "P" de preço, refere-se às condições de venda e de pagamento, às políticas de desconto e aos valores do item. O "P" de promoção abrange a propaganda, na qual o produto será divulgado. Por último, o "P" de praça refere-se ao local onde a oferta será veiculada, seus estoques e entregas. É definindo cada critério dos Ps do marketing que há o chamado "mix de marketing", um conjunto de escolhas sobre a comercialização de um item.

Não basta, no entanto, saber de tudo isso. É necessário ter um plano, um plano de marketing. Esse plano deve entregar à empresa clareza no *que* fazer e no *como* fazer. É aqui que o marketing e a estratégia dialogam plenamente. Se a empresa adotou, por exemplo, uma estratégia de liderança em custos, seu plano de marketing deve ser correspondente a essa escolha, entregando a oferta para clientes cujo principal atrativo é o custo do item. Por outro lado, se há uma estratégia de diferenciação, a oferta deve ser entregue para aquele grupo de consumidores que valoriza o que o item possui como algo distinto.

Para saber quais são e onde estão os consumidores, é necessário efetuar a chamada segmentação de mercado. Kotler e Keller (2013: 228) ensinam que a segmentação de mercado "divide um mercado em fatias bem definidas. Um segmento de mercado consiste em um grupo de clientes que compartilham um conjunto semelhante de necessidades e desejos".

Existem várias formas de segmentar um mercado. Pode-se pensar em fatores geográficos, demográficos, comportamentais e culturais, cujos componentes são descritos a seguir. *Fatores geográficos*: bairros, cidades, estados, nações ou comunidades. As empresas podem ofertar campanhas específicas para pessoas de uma determinada localidade, para criar vínculo com uma determinada comunidade, por exemplo. *Fatores demográficos*: idade, faixa de renda, sexo, profissão, nacionalidade ou mesmo religião. Se o produto é destinado a mulheres entre 18 e 23 anos do segmento de renda B, e educação universitária, a estratégia de marketing é uma. Se o produto é destinado a homens entre 55 e 60 anos, da faixa de renda C e com ensino médio completo, a estratégia de marketing é outra. *Fatores comportamentais*: pessoas propensas a experimentar produtos novos, pessoas não propensas a compras de marcas desconhecidas, pessoas que praticam atividades específicas (esportivas – ciclistas, montanhistas, corredores – ou de lazer – frequentam shoppings, parques ou eventos específicos). *Fatores culturais*: métodos de compra, locais de compra preferidos, formas de pagamento, produtos específicos (com selo *kosher* ou *halal*, por exemplo).

Considerando as possibilidades que distintos segmentos podem trazer, definem-se as características das pessoas que comprariam os produtos da empresa ou onde essas pessoas estão. Consideremos que uma empresa recém-iniciada no mercado quer vender um determinado produto no estado de São Paulo. O estado todo tem uma população de cerca de 44 milhões de pessoas, e atender a todas elas pode ser um passo muito grande para uma empresa iniciante. Assim, foca-se a cidade de São Paulo, e então percebe-se que também há muita gente, cerca de 13 milhões de pessoas. Ao se deparar com esse dado, a empresa e seus planejadores não necessitam imediatamente mudar de cidade e buscar outro ambiente menor. É preciso entender quem, na cidade de São Paulo, compraria o produto. Nesse caso, é necessário entender exatamente para quem o produto se direciona.

Pode-se considerar o exemplo de uma empresa que esteja vendendo desodorantes orgânicos. Desodorantes, de forma geral, oscilam entre

R$ 5 e R$ 20. Como o produto é orgânico e artesanal, seu preço é um pouco mais elevado, na casa dos R$ 30. Infelizmente, a imensa maioria das pessoas não possui condições financeiras de adquirir um desodorante por esse preço, o que coloca o produto como destinado àqueles na faixa de renda B (com renda entre 10 e 20 salários mínimos). O produto é, inicialmente, destinado ao público feminino, em especial para mulheres entre 18 e 25 anos que pratiquem exercícios e valorizem os produtos naturais.

Como consequência, reduziu-se o público: de todo um estado para toda uma cidade. E, de toda uma cidade, para pessoas com características específicas: mulheres em São Paulo, entre 18 e 25 anos, da faixa de renda B e que pratiquem exercícios. Sabendo que essas pessoas poderiam comprar o produto, deve-se pesquisar: quantas são; em quais bairros tradicionalmente habitam; e quais locais frequentam. Com essas informações, podem-se criar ofertas direcionadas a essas pessoas ou ofertar o produto num local onde elas circulem.

É importante perceber que, ao segmentar, reduziu-se o escopo, focando as características das pessoas que têm maior chance de adquirir o produto. A segmentação é útil justamente por isso, pois permite que os esforços sejam focados. As características da segmentação não são apenas demográficas ou comportamentais, e quanto mais se consegue especificar o consumidor, mais direcionado é o marketing e melhores serão seus resultados.

Internacionalmente, todas essas questões e apontamentos se manifestam da mesma forma, mas com alguns acréscimos importantes. Tal qual ocorre de maneira doméstica, é importante que a empresa saiba claramente qual sua demanda e suas características, qual o macro e o microambiente onde opera, quais são seus concorrentes, seus quatro Ps e seu segmento de atuação. Essa lógica vale tanto interna quanto externamente, sendo igualmente importantes.

No caso dos segmentos de mercado, existem aqueles que são globais, ou seja, apresentam características semelhantes em diferentes países. É o caso dos jovens que consomem os produtos da Diesel ou dos adultos que compram Louis Vuitton. Mesmo em países distintos, as características são semelhantes por razões de renda e questões comportamentais – o que envolve lugares que frequentam, tipo de música preferido e idade.

Um outro ponto importante na discussão internacional do marketing envolve padronizar ou adaptar. A padronização é mais indicada para produtos ou serviços globais por excelência, como companhias aéreas ou produtos farmacêuticos. De outro lado, a adaptação serve para satisfazer necessidades específicas de consumidores em países específicos. Um exemplo de estratégia de marketing de adaptação é o McDonald's. Na Índia, de maioria hindu, como mencionamos anteriormente, existem sanduíches com carne de frango e carneiro em substituição à carne bovina. Em alguns países árabes há o McArabia, com ingredientes e características locais. Aqui, reforça-se a importância das questões culturais, uma vez que para adaptar com sucesso é necessário entender essas diferenças.

A adaptação serve para aumentar as chances de que um produto seja devidamente aceito no exterior. Tudo começa com as diferenças, nas preferências entre os países, que devem ser pesquisadas de antemão, como fez o McDonald's. Um outro ponto no qual pode ser necessária adaptação é na divulgação dos produtos. Nos EUA, é muito comum propagandas que comparem dois produtos, colocando o concorrente como inferior. Consumidores brasileiros não costumam gostar desse tipo de anúncio.

Da mesma forma que a estratégia, o marketing também precisa considerar questões legais e regulamentares. Enquanto em alguns países – novamente, como no caso dos EUA – a publicidade dirigida a crianças é ampla, no Brasil há a restrição imposta pelo Código de Defesa do Consumidor, que praticamente retirou anúncios direcionados ao público infantil da televisão aberta. Isso também vale para propagandas de cigarros ou cervejas, que sofrem algumas restrições de horário em nosso país.

Outra importante adaptação é em relação ao preço. No Brasil, as montadoras dos EUA e da Alemanha não ofertam os mesmos veículos ofertados em seus países de origem. Um carro utilitário grande como o Chevrolet Suburban, tão comum nos EUA, sequer chegou ao Brasil. Isso ocorre tanto por não ser comuns carros tão grandes em nosso país (o Suburban tem mais de seis metros de comprimento), quanto pelo preço final que esse veículo teria aqui.

Alguns itens têm maior necessidade de adaptação, como produtos alimentícios, bebidas e livros. Outros são um pouco mais padronizados, como aviões e equipamentos de informática. Num computador, por exemplo, mudam-se o teclado e o idioma do sistema operacional preponderantemente. De toda forma, pensar o marketing internacional envolve, sem exceção, considerar adaptações em catálogos, rótulos, embalagens, cores, nomes, listas de preços, unidades de medida utilizadas, entre outras.

Absolutamente tudo isso precisa ser traduzido da forma adequada para o idioma do mercado de destino. Como já dissemos antes, outro ponto bastante sensível refere-se às cores. Na China, o amarelo sempre foi a cor do imperador, o que o torna pouco usado em roupas e vestimentas até o dia de hoje. Na Malásia e Japão, o branco é a cor do luto; e o roxo, em alguns países, é relacionado à morte.

O nome do produto também precisa ser pesquisado no idioma local. Aquilo que em seu idioma possui um significado, quando levado a outro país pode significar algo completamente diferente. Um dos casos mais famosos a esse respeito é do Chevrolet Nova, que manteve seu nome no México. Os mexicanos leram o nome do veículo como "no va", algo como "não vai" ou "não anda". O *babyliss* da Clairol chamado "Mist Stick" foi internacionalizado para a Alemanha, e a empresa não percebeu que para os alemães *mist* significa estrume. Obviamente que as vendas foram um grande fracasso em ambos os casos.

É papel do marketing internacional entender essas diferenças para criar uma boa reputação no país de destino, sem ofender culturas ou hábitos dos consumidores. Tradicionalmente, os consumidores preferem aqueles itens que já conhecem, e fazê-los optar por um produto novo nem sempre é uma tarefa fácil. Por mais que a globalização tenha proporcionado uma certa harmonização em padrões de vida, certas diferenças ainda permanecem.

Ao entender as características da demanda, da concorrência e dos consumidores, podem-se não apenas adotar estratégias melhores e mais adequadas, como também entender se um determinado produto ou serviço possui ou não chances de ser aceito no exterior. Onde vender, como ofertar e de que maneira abordar os consumidores são tarefas essenciais para a internacionalização de sucesso. Os profissionais de negócios internacionais devem sempre estar atentos às questões culturais e às diferenças que elas podem proporcionar.

RECURSOS HUMANOS NA EMPRESA GLOBAL

A área de recursos humanos, popularmente chamada apenas de "RH", lida com o que as empresas têm de mais importante: *as pessoas*. Nas palavras de Chiavenato (2010: 2), o RH funciona como "órgão de staff, isto é, como elemento prestador de serviços nas áreas de recrutamento, seleção, treinamento, remuneração, comunicação, higiene e segurança do trabalho, benefícios, etc.".

Trata-se do departamento que coordenará as atividades dos colaboradores e os remunerará conforme as leis e regras trabalhistas do local onde estejam atuando, e em sintonia com as políticas da empresa. Cabe também aos recursos humanos a organização de quadro de pessoal, monitoramento constante dos adicionais (como horas extras, insalubridade, periculosidade) e concessão de férias, descansos remunerados e benefícios.

A moderna gestão de pessoas tem considerado também que funcionários e colaboradores que se sentem bem onde trabalham tendem a se dedicar mais, e já se foi o tempo em que as pessoas eram movidas apenas pelo salário que recebem. Reconhecimento, boa liderança, chances de crescimento e coleguismo são essenciais. Pode-se afirmar com alguma certeza que as empresas são tão boas quanto os funcionários que têm.

Indústria, comércio, serviços, organizações não governamentais e órgãos do governo são grandes setores ou segmentos, dentro dos quais existe uma imensidão de empresas distintas. Em cada uma dessas empresas há outra imensidão de pessoas, com objetivos, características, problemas e qualidades próprios. Assim, para gerenciar bem qualquer organização, é preciso entender as pessoas que a compõe.

Internamente, no mercado doméstico, essa é a tarefa dos gestores de recursos humanos. Da mesma forma que o marketing, o RH também desempenha um papel estratégico dentro da empresa. É relativamente frequente que bons funcionários, ao trocar de empresa, acabem atraindo outros colegas e antigos consumidores. O papel do gestor de RH é evitar que isso aconteça, criando sempre um ambiente no qual as pessoas sintam-se bem e possam não apenas dar o seu melhor, mas também serem valorizadas e poder, efetivamente, colaborar com a organização. A grande dificuldade por trás dessa função é justamente conseguir harmonizar pessoas tão diferentes em torno de um mesmo propósito: o objetivo estratégico da empresa. Uma vez que cada pessoa tem seu jeito de trabalhar e de desempenhar suas atividades, cada um se organiza a sua maneira, os recursos humanos devem preocupar-se com o alinhamento dos esforços em prol de metas em comum.

É também papel dos recursos humanos e da gestão de pessoas fornecer treinamentos e capacitações constantes para que seus colaboradores estejam sempre atualizados. Ouvi-los, entender seus objetivos e críticas é igualmente fundamental. Uma vez que uma empresa é tão boa quanto os indivíduos que a compõem, um grupo de indivíduos que trabalha alinhado para o atingimento de metas constitui o chamado capital humano de uma organização ou – nas palavras de Chiavenato (2010: 55) – o "patrimônio inestimável que uma organização pode reunir para alcançar competitividade e sucesso".

Para realizar seus objetivos, cabe à área de recursos humanos o recrutamento, a seleção, a orientação e o *empowerment*, a modelagem de trabalho, cargos e salários, a remuneração, os programas de incentivo, o treinamento e o estabelecimento de políticas de retenção.

Como se pode perceber, trata-se de um conjunto bastante grande e audacioso de atividades, que se tornam ainda mais complexas quando é necessário gerenciar pessoas em países distintos. Se considerarmos, por exemplo, empresas como a gigante Johnson & Johnson, que tem mais de 100 mil funcionários em 250 unidades de negócios pelo mundo, gerenciar pessoas torna-se uma atividade fundamental para o sucesso da empresa.

É aqui que entra a gestão internacional de recursos humanos (GIRH). Nas palavras de Armstrong (2011: 111), essa área é responsável pelo "processo de planejamento de como desenvolver e implantar as melhores políticas e práticas de gestão de pessoas em diferentes contextos internacionais de empresas multinacionais".

Pode-se considerar a Siemens, por exemplo. A empresa alemã tem aproximadamente 500 mil funcionários em mais de 150 países distintos. Ao desenvolver um novo produto ou processo, pode ser necessário que essas pessoas de culturas, hábitos e idiomas diferentes trabalhem juntas em torno da realização de uma mesma meta. Tem-se a GIRH não apenas como a atividade de uma empresa multinacional, mas também como tarefa da empresa internacionalizada que recebe e envia funcionários para vários locais do mundo, por mais que seja uma área mais comum a empresas com matriz em um país e subsidiárias espalhadas pelo restante do mundo.

A necessidade de gerenciar recursos humanos de forma internacional é uma consequência direta da internacionalização de empresas e da expansão acelerada dos negócios internacionais. Cavusgil et al. (2010) apontam que existem três níveis distintos de funcionários em empresas com operação multinacional. São eles osnativos do país anfitrião: aqueles oriundos do local onde a subsidiária está; os nativos do país de origem da matriz: executivos do país onde a empresa tem sua sede principal, muitas vezes enviados ao exterior para abrir novas instalações; e nativos de país estrangeiro: funcionários que trabalham fora de seu país de origem, em qualquer local do mundo onde a empresa tenha sede.

Esses três níveis distintos precisam não apenas conviver em harmonia apesar de potenciais distinções culturais, mas também ser alocados na posição correta, no lugar ideal, recebendo seus proventos de forma adequada. É comum que funcionários sem experiência internacional possuam algumas dificuldades de adaptação com funcionários estrangeiros, e essa combinação deve ser gerenciada pela GIRH.

É igualmente comum que pessoas do país de origem da empresa (matriz) sejam enviadas ao exterior para desempenhar alguma atividade específica. Esse processo é chamado de *expatriação*. Nesse caso, cabe à GIRH preocupar-se com o bem-estar desse funcionário e de sua família no novo país, providenciando moradia, transporte, saúde, segurança e educação para os filhos. Não é razoável esperar que a pessoa simplesmente se mude para outra nação e precise se organizar lá por conta própria, alugando um imóvel e um veículo, e custeando as próprias despesas de saúde.

Outra preocupação central da GIRH é com a segurança dos seus funcionários. Alguns países mais arriscados, violentos ou mais expostos a atividades de terrorismo representam um grande risco, que deve ser evitado a todo custo. Nesses locais, moradia próxima da empresa ou local de trabalho, veículos adequadamente protegidos e pessoal de segurança são indispensáveis.

Independentemente de qual seja o local para onde será enviado, antes do envio de um funcionário ao exterior, é papel da GIRH prepará-lo para o que essa pessoa e sua família encontrarão na outra nação. Esclarecer diferenças culturais, gastronômicas e fornecer informações gerais sobre o país de destino fazem parte da preparação do funcionário que será expatriado. Antes da expatriação, algumas empresas custeiam cursos do idioma do país de destino para o funcionário e sua família. Essas pessoas deverão ser preparadas para entender o padrão de comportamento em seu novo país, assim como o funcionário deverá ter claro o que será exigido de si, e para quem reportar: se para o superior hierárquico no país de origem, se para o superior hierárquico do país de destino ou se para ambos.

Em alguns casos, é possível que os expatriados apresentem um menor rendimento em suas atividades. Isso normalmente ocorre por problemas na adaptação à nova realidade. Entender, apoiar e auxiliar na superação dessas dificuldades fica a cargo da GIRH. Alguns expatriados não conseguem se adaptar ao ambiente externo, o que pode gerar depressão, ansiedade e uma imensa dificuldade de interpretar sua nova realidade. Chama-se de *fracasso do expatriado* seu retorno antes do prazo combinado. É frequente que isso ocorra por choque cultural, o que Cavusgil et al. (2010: 418) explicam como "confusão e ansiedade, muitas vezes semelhantes à depressão, que podem resultar do fato de se viver em uma cultura estrangeira por algum tempo. O choque cultural pode afetar o expatriado ou os membros de sua família". Para evitar que isso ocorra, recomendam-se a manutenção de um diário de experiências e exercício físico regular. É claro, funcionários bem preparados antes da expatriação tendem a ter menos problemas, e o choque cultural é mais comum em países com culturas e hábitos muito diferentes do país de origem do expatriado.

Além disso, funcionários expatriados devem seguir, em suas atividades diárias, as regras do país onde estão alocados. Por exemplo: enquanto a carga horária de trabalho semanal no Brasil é de 44 horas, na França é de 35 e na Holanda 29 horas semanais. Assim, funcionários enviados para esses países deverão obedecer às regras locais.

Uma vez que as atividades do expatriado são concluídas no país de destino, chama-se de *repatriação* seu retorno ao país de origem. Da mesma forma que ocorre quando o funcionário é expatriado, a repatriação também exige uma preparação prévia e não é imune a problemas. É frequente que funcionários repatriados percebam uma diferença em sua remuneração. Um valor pago na moeda do país de destino no exterior, e outro valor inferior pago na moeda local quando do retorno, por exemplo. Essa é uma questão bastante sensível, assim como a posição e o cargo que serão ocupados no país de origem: ao retornar deve-se devolver o funcionário à mesma posição e cargo que ocupava antes ou promovê-lo.

Para o sucesso nos negócios internacionais não basta internacionalizar, pensar em marketing e gestão internacional de recursos humanos. Uma parte importante da vida empresarial global é a financeira, que será vista a seguir.

QUESTÕES FINANCEIRAS PARA A EMPRESA GLOBAL

O entendimento das finanças é útil não apenas a quem gerencia organizações ou negócios internacionais, mas sim para todos. Serve para o trabalho, para a vida pessoal e para evitar enrascadas econômicas. Até mesmo os países se endividam e, por vezes, precisam recorrer a empréstimos internacionais para poder manter seus hospitais, suas escolas e seus funcionários sendo pagos em dia.

Qualquer pessoa sabe que não se pode gastar mais do que ganha. Aquelas pessoas com o nome nos órgãos de proteção ao crédito ou com dívidas no banco e no cartão de crédito (o grande vilão da maior parte dos brasileiros) eventualmente se perderam nas contas e acabaram gastando mais do que ganham. É para evitar que tudo isso ocorra que as finanças e sua correta gestão são grandes aliadas.

Primeiro, deve-se pontuar que as finanças envolvem a gestão dos próprios recursos e do próprio dinheiro. Nas empresas e nos negócios internacionais, essa área fica a cargo dos gestores financeiros que, nas palavras de Gitman (2010: 3), são encarregados de atividades de "planejamento, concessão de crédito a clientes, avaliação de propostas que envolvam grandes desembolsos e captação de fundos para financiar as operações da empresa".

Se a empresa quer fazer uma pesquisa de mercado para analisar a viabilidade de operar num outro país, quem diz se há ou não recursos disponíveis para isso é o departamento financeiro. Se é necessário expatriar um funcionário e sua família, quem diz se há ou não recursos disponíveis para isso é o departamento financeiro. Sem recursos financeiros e sua gestão adequada, há um grande risco de que a organização feche as suas portas. Por isso, pode-se dizer que a área das finanças é aliada no processo de tomada de decisões. Nas empresas menores, os departamentos de contabilidade e os contadores auxiliam essas atividades.

O departamento de finanças, em qualquer tipo de empresa, não vive de forma isolada do mundo. A economia de um país afeta diretamente as finanças das empresas que estão ali. Se o país vai mal, a tendência é de redução nas vendas e no faturamento e, como consequência, de redução da lucratividade ou mesmo de prejuízo. De outro lado, se a situação é favorável, empresas financeiramente bem gerenciadas tendem a lucrar. Deve-se ressaltar que, sem a correta gestão das finanças, mesmo em tempos prósperos em seu país, a empresa pode ver-se em problemas. Isso normalmente ocorre quando as entradas e saídas de dinheiro não são corretamente computadas e gerenciadas.

Para isso, uma ferramenta frequentemente utilizada é o chamado "fluxo de caixa", que se refere ao monitoramento e ao registro da quantidade de dinheiro que entrou em uma organização e saiu dela (algo que pode e deve ser feito em relação aos nossos salários também) num dia, semana ou mês. Para entender o volume de recursos que uma empresa movimenta, são utilizados alguns relatórios contábeis.

O balanço patrimonial apresenta os ativos (bens e direitos que podem gerar rendimentos), os passivos (dívidas, custos e obrigações) e patrimônio líquido (diferença entre ativos e passivos). Gitman (2010: 43) afirma que o balanço patrimonial "equilibra os ativos da empresa (aquilo que ela possui) contra seu financiamento, que pode ser capital de terceiros (dívidas) ou capital próprio". De outro lado, a demonstração do resultado do exercício (DRE) apresenta os resultados da empresa confrontando custos, resultados e receitas. No ensinamento de Gitman (2010: 41), a demonstração de resultado "fornece um resumo financeiro dos resultados operacionais da empresa durante um determinado período. Os mais comuns abrangem um período de um ano encerrado numa data específica, normalmente 31 de dezembro de cada ano".

A demonstração de resultados serve para entendermos o desempenho de uma empresa num dado período e, como consequência, tomarmos decisões futuras. Essas decisões podem ser investir numa área importante, contratar ou demitir, encerrar operações num país ou abrir operações em outro. Aqui entra um outro termo bastante comum em finanças: *liquidez*. A liquidez se refere à capacidade de uma determinada empresa pagar suas dívidas no curto prazo. Se há liquidez corrente, pagam-se as contas no tempo correto sem ficar devendo.

Outro termo bastante comum na área financeira é endividamento. Muitas vezes as empresas utilizam capital de terceiros (de bancos, por exemplo) para financiar novas operações. É o que ocorre quando empresas brasileiras captam recursos do Banco Nacional de Desenvolvimento Econômico e Social (BNDES) para iniciar suas operações internacionais ou para construir uma nova unidade. Nesse caso, pode-se dizer que essa empresa fez o que se chama de *alavancagem*, ou seja, utilizou-se de endividamento para tentar aumentar sua rentabilidade. Quanto maior o endividamento de uma empresa, maior o risco de que ela não consiga honrar seus compromissos.

Alguns outros termos fundamentais em finanças são: o ponto de equilíbrio, que se refere ao "nível de vendas necessário para cobrir todos os custos operacionais" (Gitman, 2010: 469); a estrutura de capital: quanto dos recursos da empresa são próprios e quanto dos recursos são de terceiros (empréstimos, financiamentos etc.); o retorno sobre o patrimônio líquido, também chamado de ROE (*return on equity*, conforme sigla em inglês), que mede o quanto de lucro a empresa gera a partir de seu patrimônio; e o retorno sobre investimentos, também chamado de ROI (*return on investments*, conforme sigla em inglês), que mede o quanto de retorno ou lucro a empresa teve a partir dos investimentos que fez. É também chamado de taxa de retorno.

Esses termos e conceitos básicos de finanças refletem-se na realidade dos negócios internacionais. Empresas que atuam em vários países precisam medir o quanto de retorno cada operação traz. Obviamente que isso é mais fácil quando se exporta, pois se contabilizam apenas a produção doméstica do bem e o quanto de retorno a operação trouxe. No entanto, é importante considerar também alguns outros fatores, como as oscilações cambiais.

Ao trabalhar com negócios internacionais, o uso de outras moedas é bastante frequente. Quando se importa, é preciso trocar reais por dólares ou euros para pagar seu fornecedor. Quando se exporta, ou quando se recebem recursos do exterior pelo sucesso de um IED, *joint venture* ou *royalties* de produtos licenciados ou de franquias, recebe-se em dólares ou euros, e é preciso trocá-los por reais para utilizá-los nacionalmente.

Quando se encaminham propostas comerciais a potenciais clientes estrangeiros, deve-se fazê-lo em moedas internacionais tendo em mente as oscilações cambiais. Existem muitas situações que podem fazer com que o valor de uma moeda em relação a outra se altere, a começar pelo risco de um país. Se um país apresenta desempenho econômico ruim, ou problemas políticos, investidores tendem a retirar seus recursos dali. Como consequência, saem dólares e euros e a moeda nacional se desvaloriza.

Outro ponto que afeta a taxa de câmbio são os juros. Países com juros mais altos podem atrair investidores interessados nas taxas elevadas. Como consequência, entra moeda estrangeira, o que aumenta sua oferta e a moeda nacional se valoriza. Em 2020, por exemplo, o Brasil reduziu sua taxa de juros (a taxa Selic) para o menor valor da história, ficando em 2% ao ano. Como consequência, muitos investidores tiraram seus recursos daqui para levá-los a outros países onde a taxa de juros fosse maior. Isso diminuiu a oferta de dólares, euros e outras moedas estrangeiras no país, o que desvalorizou o real. Em um dado momento, para se comprar um dólar eram necessários cerca de R$ 5,70. Com o aumento dos juros em 2021, o real se valorizou frente ao dólar, que caiu abaixo dos R$ 5,00.

Como o valor das moedas oscila a todo momento, é muito difícil prever como estará a taxa de câmbio num determinado dia. Se é efetuada uma compra internacional e é necessário pagá-la agora, se utilizará a *taxa de câmbio spot*, quando se paga pela outra moeda o valor do dia. Uma outra opção é a chamada taxa futura ou *forward rate* que, segundo Cavusgil et al. (2010: 450), é aquela na qual os "revendedores do mercado de divisas futuras comercializam promessas de recebimento ou entrega de divisas em um momento determinado no futuro, com uma taxa determinada no momento da transação". Isso serve para garantir que uma determinada operação não me trará prejuízos no futuro.

Se for feita, por exemplo, uma importação de US$ 100.000,00 hoje e o dólar estiver custando R$ 3,00, sabe-se que o desembolso será de R$ 300.000,00 para pagar o que está chegando. Agora, se o valor da moeda oscilar e o dólar subir para R$ 4,00, é necessário desembolsar R$ 100.000,00 a mais apenas por conta da oscilação cambial. É nesse tipo de situação que a taxa futura pode ser útil.

É aqui, nesse contexto, que entra a gestão financeira internacional, explicada por Cavusgil et al. (2010: 438) como as atividades de "aquisição e ao uso de recursos para o comércio, o investimento e outras atividades comerciais transfronteiriças".

Dentre as atividades principais da gestão financeira internacional, estão o gerenciamento do câmbio e de seus riscos, o angariamento de fundos para a empresa, a previsão de receitas e despesas e a decisão sobre sua estrutura de capital. Como se sabe, no Brasil os juros bancários são altos – apesar da baixa na taxa Selic no decorrer de 2020. Isso significa que, caso um empresário brasileiro queira efetuar alavancagem, poderá ter que pagar juros caros aos bancos que operam aqui. Por outro lado, nos EUA, os juros são baixíssimos. Assim, se a empresa opera globalmente e tem filial nos EUA, essa alavancagem pode ser feita com recursos captados nos bancos estadunidenses. Nesse cenário, a taxa de juros paga será muito menor. É exatamente por isso que Cavusgil et al. (2010: 439) afirmam que a "diversificação geográfica fornece à empresa a oportunidade de obter capital a um custo menor, minimizar as obrigações fiscais em geral [...] e ganhar maior poder de negociação com os credores". Essa é, também, uma das razões para a internacionalização.

Existem empresas que, na tentativa de angariar fundos, emitem ações. É o que fazem as chamadas empresas de capital aberto que operam em bolsas de valores. Nas bolsas de valores, as empresas ofertam ações, que são como "pedaços" ou parcelas da própria empresa. Essas ações são compradas por aqueles que acreditam no potencial retorno que essa organização pode ter. A Apple, por exemplo, abriu seu capital – o que significa que começou a ofertar ações – em 1980 e, até 2018, havia crescido espantosos 43.000%.

No ano de 2022, em termos de capital, Johnston (2022) listou as maiores empresas do mundo; eram: a Apple, a Saudi Arabian Oil Co., a Microsoft, a Alphabet, a Amazon, a Tesla, a Berkshire Hathaway, a NVIDIA Corp., a Taiwan Semiconductor Manufacturing Co. e a Meta Plaftorms. Outras gigantes muito conhecidas como Johnson & Johnson, Walmart, Samsung, Procter & Gamble, LVMH e Nestlé também estão nessa lista. Percebe-se que há uma preponderância de empresas estadunidenses. Na lista das duas mil maiores empresas de capital aberto do mundo, mais de um quarto delas é dos EUA.

Algumas dessas empresas ofertam suas ações em mais de uma bolsa de valores. É possível que as ações sejam ofertadas na Bolsa de Valores de Nova York e na Bolsa de Valores de Frankfurt. Nesse caso, a empresa captará recursos em mais de um centro financeiro global. Eventualmente, algo pode dar errado com uma empresa que oferta ações em bolsa. A organização pode divulgar um resultado negativo ou apresentar uma perda. Quando isso ocorre, o preço de suas ações cai. Se for uma empresa grande e importante para uma determinada bolsa de valores, há a tendência de que as outras empresas que ofertam ações ali também sofram perdas.

As bolsas de valores atuam no chamado *mercado global de capitais*, um mercado mundial interconectado onde dinheiro, ações e recursos circulam o mundo rapidamente. Não é preciso, por exemplo, estar em Tóquio para comprar ações ofertadas na bolsa de valores de lá. Da mesma forma que esse fato é positivo, pois permite a compra e a venda de ações de empresas em diferentes bolsas de valores, essa conectividade toda também em um ponto negativo: o rápido contágio das crises financeiras.

Como se viu com a crise de 2008, um evento ocorrido em outro país pode, imediatamente, derrubar as ações das empresas nas bolsas de valores do mundo todo. Naquele ano, quando faliu o banco de investimentos Lehman Brothers nos EUA, um efeito dominó levou à quebra de outras empresas no segmento de finanças e à queda das bolsas de valores no mundo todo. Por esses e outros fatores, pode-se dizer que a atual integração e conectividade global tornaram o mundo todo mais suscetível de sofrer os efeitos de crises e problemas financeiros ocorridos em outros países. Sem dúvidas, o contágio gerado por problemas econômicos locais se alastra com grande facilidade.

A operação em negócios internacionais deve considerar, também, a tributação. No caso brasileiro, a tributação é elevadíssima para as importações, o que será visto no próximo capítulo. O correto gerenciamento financeiro serve, também, para que uma empresa não pague mais tributos do que é necessário. Em alguns casos, organizações são tributadas várias vezes numa mesma operação. Em outros, a tributação elevada num país pode afetar as decisões das empresas que operam ali de forma positiva ou negativa. Tradicionalmente, as empresas tendem a sair de ambientes com tributação sufocante, buscando aqueles locais onde a tributação pode ser minorada.

É o caso da elevada tributação brasileira para as importações. Em vez de simplesmente enviarem seus produtos para cá, algumas organizações optam por produzir diretamente aqui. Essa é uma forma de superar a barreira imposta pelos tributos. No entanto, os tributos podem estar também no envio de divisas. Uma empresa que tem filial num país pode enviar seus lucros ou uma parte deles para a matriz em seu país de origem. Alguns países tributam essa operação e outros tornaram esse envio praticamente impossível. Nesse caso, houve uma debandada de empresas estrangeiras que estavam instaladas ali. Outras nações tributam pesadamente a renda corporativa. Todos esses fatores pesam na hora de escolher um destino para a internacionalização.

Dentro do Brasil, por exemplo, estados já competiram para que empresas de grande porte se instalassem em seus territórios. Esse é outro ponto de atenção para questões financeiras em negócios internacionais: a busca de incentivos locais que podem ser dados por alguns governos que procuram incentivar áreas específicas ou simplesmente atrair empresas estrangeiras.

Em negócios internacionais e no tema das finanças globais, normalmente se fala sobre os paraísos fiscais. São países como a Suíça, as Bahamas, o Panamá ou Mônaco, onde comumente não se tributa a entrada ou saída de recursos, nos quais é possível aplicar dinheiro sem declarar sua origem e os investidores têm sua identidade protegida. É comum que os paraísos fiscais sejam usados para esconder recursos provenientes de atividades ilícitas, como a corrupção e o tráfico de drogas. Muitas empresas que abrem suas contas nesses países para fins lícitos são chamadas de *offshore*.

No próximo capítulo entenderemos mais a respeito da regulamentação financeira e tributária brasileira para os negócios internacionais a partir do Brasil.

Empresas brasileiras e os negócios internacionais

Até aqui, aprendeu-se sobre temas essenciais dos negócios internacionais, como internacionalização de empresas e suas formas, os principais riscos e as competências essenciais da empresa internacional, como marketing, finanças e recursos humanos em escala global. Agora, é necessário abordar a internacionalização de fato das empresas brasileiras a partir de um ponto de vista operacional.

Como visto no primeiro capítulo, tradicionalmente, empresas que nunca internacionalizaram tendem a iniciar suas atividades internacionais pelas exportações. Uma vez que as exportações envolvem menos riscos e menor exposição financeira, essa forma de internacionalizar é a preferida dos marinheiros de primeira viagem.

É exatamente por isso que falaremos, neste capítulo, do comércio exterior. Uma vez que uma empresa brasileira decide exportar ou importar, é necessária a conformidade com a complexa legislação brasileira nessa área. No total, são mais de 3.600 regras aduaneiras diferentes, com mais de 20 órgãos anuentes que autorizam ou inibem determinados tipos de operação. Aqui, serão apresentadas as características gerais do comércio exterior, as questões aduaneiras e seu controle, a classificação de mercadorias e a tributação das importações – temas essenciais para os negócios internacionais a partir do Brasil.

COMÉRCIO EXTERIOR BRASILEIRO: CARACTERÍSTICAS ESSENCIAIS

Enquanto algumas pessoas acreditam que comércio internacional e comércio exterior são sinônimos, há uma diferença fundamental que deve ser considerada. O comércio internacional é muito mais abrangente e representa todas as trocas comerciais globais entre todos os países ao mesmo tempo. De outro lado, o comércio exterior é algo local. Isso significa que enquanto o comércio internacional abrange todas as trocas de mercadorias e serviços do mundo, o comércio exterior toma um país como referência e pensa nas trocas comerciais dessa nação com o restante do mundo. É exatamente por isso que se fala em comércio exterior brasileiro, e não comércio internacional brasileiro.

No caso brasileiro, o comércio exterior esteve bastante presente através da história. Desde o século XVI, o Brasil era um polo de mercadorias para Portugal, que extraía daqui os itens que comercializava com o mundo todo. Como se sabe, teve-se inicialmente o ciclo do pau-brasil, seguido pelo ciclo da cana-de-açúcar, do ouro, do algodão, do café e da borracha. Esses ciclos extrativistas iniciaram-se na época em que o Brasil era colônia de Portugal. Naquele tempo, tudo o que o país necessitava deveria ser adquirido de Portugal, e tudo o que o Brasil produzia deveria ser vendido – exclusivamente – a Portugal. Esse cenário existia em função do chamado Pacto Colonial.

Com as Guerras Napoleônicas assolando o lado ocidental do continente europeu, a família real portuguesa muda-se para o Brasil em 1808, e o Rio de Janeiro torna-se a capital do Império. Com isso, uma série de mudanças ocorre. Uma delas foi a abertura dos portos brasileiros às nações amigas, ocorrida em 28 de janeiro de 1808. Até hoje, o dia 28 de janeiro marca o dia do comércio exterior, e foi a partir dessa data que o Brasil passou a comercializar com o mundo todo, não apenas com Portugal.

Hoje, após séculos de Pacto Colonial e décadas de protecionismo, o comércio exterior brasileiro é marcado por características que remetem ao passado. Trata-se de uma área bastante burocrática, envolta em dezenas de regulamentações muitas vezes confusas e conflitantes. De toda maneira, a área do comércio exterior é regulamentada pelo chamado Direito Aduaneiro, aquele ramo jurídico que organiza, dirige e regulariza as operações de comércio exterior (Nyegray, 2016).

Através das operações de comércio exterior, muitas mercadorias saem do país (exportações) e outras tantas chegam (importações). Nesses casos, existem situações em que há tributação sobre esses produtos transacionados. É por isso que se pode dizer que o Direito Aduaneiro possui uma íntima relação com o Direito Tributário, aquele ramo jurídico interessado na regulamentação da cobrança dos contribuintes – seja através de impostos, seja por meio de taxas – para a obtenção de receitas para o Estado.

Além disso, existe um órgão que está encarregado de fiscalizar as operações de comércio exterior. Trata-se da Receita Federal do Brasil (RF ou RFB). A Receita Federal é um órgão do governo federal com competência para atuar na área aduaneira – fiscalizando aeroportos, portos e pontos de fronteira – e na área tributária – encarregando-se da cobrança e da fiscalização do pagamento de tributos. Pela interface e atuação da Receita Federal junto ao comércio exterior, podemos dizer que o Direito Aduaneiro está também próximo do Direito Administrativo, ramo jurídico que regula as ações da administração pública.

Toda vez que uma empresa vai iniciar suas exportações ou importações a partir do Brasil, essa empresa precisa seguir as normas gerais do Direito Aduaneiro e as regulamentações da Receita. O primeiríssimo ponto é que, se há a intenção de importar ou exportar, essas atividades devem estar constando no contrato social da sua empresa. O contrato social é o documento no qual estão os sócios, o objetivo da empresa – o que faz, como faz e onde é sua sede –, seu tipo societário e seu capital social. Não basta, no entanto, que se aponte no contrato social que aquela pessoa jurídica realizará operações de importação e exportação, é preciso constar ali *o que* será transacionado com o exterior. Produtos têxteis, maquinário ou alimentos precisam estar devidamente escolhidos, sendo necessário o apontamento de um segmento.

Aqui é onde muitos questionam se a pessoa física pode importar ou exportar. Em pequenos valores e pequenas quantidades é possível, sim, que pessoas não empresárias importem. As operações para pessoa física não podem ultrapassar os US$ 50, motivo pelo qual a constituição formal de uma empresa tende a ser a melhor opção. É claro que, quando se viaja ao exterior e se trazem coisas de lá para uso próprio, esse limite é um pouco maior (cerca de US$ 1.000 para viajantes via área ou marítima e US$ 500 para viajantes em via terrestre). Existe também a possibilidade de pessoas físicas importarem itens para coleção pessoal, uso próprio e para a realização de suas atividades profissionais. Essa opção necessita da habilitação "Siscomex pessoa física".

Uma vez que a empresa está regularmente constituída, e seu contrato social aponta operações de importação e exportação como parte das atividades da organização, o próximo passo é providenciar a habilitação ao Siscomex. O Siscomex é o Sistema Integrado de Comércio Exterior da Receita Federal. Trata-se de um programa que centraliza as atividades de controle e registro das operações de comércio exterior, e por ali todas as instituições anuentes – aquelas que dão pareceres sobre operações de comércio exterior, permitindo ou não que determinadas operações sejam realizadas – e instituições intervenientes – como bancos, despachantes aduaneiros e empresas de transporte – efetuam cadastros e operações de comércio exterior.

É ali que se registra uma importação ou exportação, preenchendo todos os dados no que concerne à operação que se está realizando. Existem quatro modalidades de habilitação no Siscomex: *pessoa física* – para importar ou exportar bens de uso pessoal, itens de coleção ou produtos para a realização de atividade profissional; *expressa* – para pessoa jurídica que realize operações de exportação sem limite de valor ou operações de importação com o limite de US$ 50.000,00 semestrais; *limitada* – para pessoa jurídica que realize operações de exportação sem limite de valor ou operações de importação com o limite de US$ 150.000,00 semestrais; e *ilimitada* – para pessoa jurídica que realize operações de exportação sem limite de valor ou operações de importação acima do limite de US$ 150.000,00 semestrais.

Uma vez que a empresa esteja habilitada a operar no Siscomex, podem-se iniciar as operações de importação ou de exportação. É de se ressaltar que algumas operações internacionais necessitam da autorização de alguns órgãos específicos. São os denominados órgãos anuentes. Esses órgãos são chamados a emitir pareceres técnicos ou a analisar situações específicas para deferir ou indeferir uma exportação ou importação.

Para a importação, são pelo menos 15 órgãos anuentes: Agência Nacional de Energia Elétrica; Agência Nacional de Vigilância Sanitária; Agência Nacional do Cinema; Comando do Exército; Departamento de Operações de Comércio Exterior; Departamento de Polícia Federal; Departamento Nacional de Produção Mineral; Instituto Brasileiro do Meio Ambiente e dos Recursos Naturais Renováveis; Agência Nacional do Petróleo, Gás Natural e Biocombustíveis; Conselho Nacional de Desenvolvimento Científico e Tecnológico; Empresa Brasileira de Correios e Telégrafos; Instituto Nacional de Metrologia, Normalização e Qualidade Industrial; Ministério da Agricultura, Pecuária e Abastecimento; Ministério da Ciência, Tecnologia, Inovações e Comunicações; e Superintendência da Zona Franca de Manaus.

Caso se esteja importando, por exemplo, remédios ou medicamentos, a Anvisa será o órgão encarregado de emitir um parecer técnico autorizando ou não sua operação. Caso se esteja importando produtos de origem animal ou produtos agropecuários, a anuência caberá ao Ministério da Agricultura, Pecuária e Abastecimento. Deve-se ressaltar que a grande parte das importações independe de anuência, e são casos muito específicos que necessitam desse tratamento especial.

Na exportação, os órgãos anuentes são os seguintes: Agência Nacional de Energia Elétrica; Agência Nacional do Petróleo, Gás Natural e Biocombustíveis; Agência Nacional de Vigilância Sanitária; Comissão Nacional de Energia Nuclear; Comando do Exército; Departamento de Operações de Comércio Exterior; Departamento de Polícia Federal; Departamento Nacional de Produção Mineral; Instituto Brasileiro do Meio Ambiente e dos Recursos Naturais Renováveis; Ministério da Ciência, Tecnologia, Inovações e Comunicação; Ministério da Defesa; e Ministério da Agricultura, Pecuária e Abastecimento.

Tal qual ocorre na importação, os órgãos anuentes na exportação vão emitir pareceres técnicos e liberar ou não a saída da mercadoria do país. A atuação desses órgãos se dá via Siscomex, em que as informações sobre uma determinada expo ou impo estarão centralizadas. Nesse momento, pode-se questionar como saber se um determinado produto precisa ou não de anuência. Para obter respostas, pode-se consultar o tratamento administrativo na importação com a Receita Federal (https://www4.receita.fazenda.gov.br/tratamento/private/pages/consulta_tratamento.jsf) e o administrativo na exportação (https://portalunico.siscomex.gov.br/talpco/#/simular-ta?perfil=publico).

Para a consulta, é necessário o código NCM da mercadoria, sobre o qual será abordado posteriormente. A questão que se põe, agora, é como a Receita Federal analisa todas as informações colocadas no Siscomex, e todas as entradas e saídas de pessoas e mercadorias no país, situações que serão abordadas a seguir.

ADUANA, ALFÂNDEGA E CONTROLE ADUANEIRO

Os termos *aduana* e *alfândega* vêm do árabe (*ad diwan* e *al-funduq*, respectivamente), e a necessidade de se fiscalizar o que entra em determinado país e o que sai dele remonta à Antiguidade. Em alguns casos, fiscalizam-se mercadorias. Noutros, cobram-se tributos. Em outras situações, ainda, fazem-se as duas coisas e busca-se evitar a entrada de produtos proibidos.

Atualmente, no caso brasileiro, o controle aduaneiro é realizado pela Receita Federal em todo o país, especialmente no chamado território aduaneiro. Essa e outras normas aduaneiras estão compiladas no Decreto n. 6.759, de 5 de fevereiro de 2009, o chamado Regulamento Aduaneiro (RA). O RA aponta que todo o território nacional é o chamado território aduaneiro, e que o território aduaneiro se divide em dois: zona primária – portos, aeroportos, zona terrestre ou aquática alfandegada; e zona secundária – o restante do território nacional.

Somente pode haver entrada e saída de pessoas do exterior ou para lá destinadas em zona primária. É zona primária um aeroporto internacional, um porto que receba navios em rotas internacionais ou pontos da fronteira terrestre do país com os países vizinhos. É ali, em local alfandegado, que a Receita Federal realiza suas atividades de controle de pessoas, automóveis, navios e bens. O alfandegamento do local é o que permite que ali se realize trânsito internacional de pessoas e mercadorias, assim como sua respectiva conferência.

Essa conferência não ocorre ao léu e a céu aberto, mas nos chamados recintos alfandegados. Trata-se de armazéns ou locais onde se movimentam, guardam-se ou despacham-se ao exterior produtos diversos. De acordo com o art. 15 do Regulamento Aduaneiro, o "exercício da administração aduaneira compreende a fiscalização e o controle sobre o comércio exterior, essenciais à defesa dos interesses fazendários nacionais, em todo o território aduaneiro". Isso significa que a entrada e a saída de produtos e pessoas ao exterior ocorrem em zona primária, mas todo o país pode ser fiscalizado e analisado pela Receita Federal.

Outro ponto bastante importante é que, quando se está entrando em outro país ou retornando ao Brasil no próprio veículo ou em algum outro transporte terrestre, a Receita Federal pode não apenas fiscalizar as pessoas, suas bagagens e compras, mas o veículo em si. Muitas vezes pessoas mal-intencionadas escondem em fundos falsos, pneus ou no próprio tanque de combustível algum item proibido. Todo esse esforço serve para coibir e reprimir a prática de crimes aduaneiros, e a entrada ou saída do país de produtos proibidos ou sem o devido recolhimento de impostos.

Em operações internacionais de compra e venda maiores, as mercadorias são transportadas em caminhões ou navios, seja em contêineres ou não. Nesse caso, o transportador e as mercadorias que está levando serão analisados pela RFB. Toda vez que se está mandando uma mercadoria para alguém, deve-se enviar com a respectiva nota fiscal. Além disso, o transportador emitirá um documento chamado de "conhecimento de carga" ou "conhecimento de transporte", no qual constarão dados sobre a mercadoria, sobre o destinatário e sobre o remetente.

Em alguns casos, um transportador está levando várias cargas distintas (como ocorre num grande navio que carrega contêineres diversos, oriundos e destinados a pessoas diferentes). Assim, o transportador compila todos os conhecimentos de carga e emite um "manifesto de carga" ou "manifesto de transporte". O art. 44 do Regulamento Aduaneiro aponta que um manifesto de carga conterá: a identificação do veículo e sua nacionalidade; o local de embarque e o de destino das cargas; o número de cada conhecimento; a quantidade, a espécie, as marcas, o número e o peso dos volumes; a natureza das mercadorias; dentre outras informações apontadas no RA. Dentre os documentos do transporte internacional de mercadorias está também o romaneio de carga ou o *packing list*. Trata-se de uma descrição das mercadorias embarcadas e dos componentes de uma dada carga.

Além desses documentos sobre a mercadoria e o transporte, nas importações e exportações, outros dois documentos são comuns: a fatura proforma e a fatura comercial. A fatura proforma – conhecida também como *proforma invoice* – é o que se chama de "*starter*" do negócio, um documento que marca o seu início. São os termos em que exportador e importador registram sua intenção de celebrar um acordo comercial. De outro lado, há a fatura comercial – conhecida também como *commercial invoice* – que marca todas as informações combinadas entre importador e exportador. Todos os termos do negócio devem estar registrados na fatura comercial.

O art. 557 do Regulamento Aduaneiro aponta que a fatura comercial deve conter nome e endereço, completos, do exportador e do importador ou adquirente, quantidade e espécie dos volumes; condições e moeda de pagamento; preço unitário e total de cada espécie de mercadoria; país de origem, aquisição ou procedência, dentre outras informações constantes no RA.

Toda essa documentação é conferida no chamado despacho aduaneiro. De acordo com o RA: "Art. 542. Despacho de importação é o procedimento mediante o qual é verificada a exatidão dos dados declarados pelo importador em relação à mercadoria importada, aos documentos apresentados e à legislação específica".

De outro lado, na exportação, de acordo com o RA: "Art. 580. Despacho de exportação é o procedimento mediante o qual é verificada a exatidão dos dados declarados pelo exportador em relação à mercadoria, aos documentos apresentados e à legislação específica, com vistas a seu desembaraço aduaneiro e a sua saída para o exterior".

No despacho aduaneiro, além da clara necessidade de fiscalização e verificação da exatidão dos dados demonstrados, verificam-se também os documentos apresentados. Na importação, o ato final de conferência é o desembaraço aduaneiro. De acordo com o RA: "Art. 571. Desembaraço aduaneiro na importação é o ato pelo qual é registrada a conclusão da conferência aduaneira". Também é o RA que explica o desembaraço aduaneiro na exportação: "Art. 591. Desembaraço aduaneiro na exportação é o ato pelo qual é registrada a conclusão da conferência aduaneira, e autorizado o embarque ou a transposição de fronteira da mercadoria."

A conferência realizada pela Receita Federal tem seu rigor determinado de acordo com os chamados "canais de parametrização". Após o registro da declaração de importação ou declaração de exportação no Siscomex, o próprio sistema direciona a carga para um canal, que pode ser, na importação, verde, amarelo, vermelho ou cinza.

Uma mercadoria direcionada ao canal verde será automaticamente desembaraçada, sem a necessidade de qualquer conferência. Uma mercadoria direcionada ao canal amarelo terá os documentos da operação analisados pela fiscalização aduaneira. O canal vermelho, por sua vez, significa que as mercadorias e os documentos serão fiscalizados pela Receita. Por fim, o canal cinza impõe uma fiscalização mais minuciosa, e a Receita analisará os documentos, as mercadorias e aplicará um procedimento especial de controle aduaneiro, analisando inclusive os dados da empresa importadora. A escolha do canal de parametrização é randômica, e o importador só saberá para qual canal sua carga será direcionada quando ela já estiver no porto. A ideia é que pessoas mal-intencionadas não saibam de antemão, para evitar que seja declarada uma coisa e importada outra.

Na exportação, a mesma lógica prevalece, com uma única alteração: em vez do canal amarelo há o canal laranja, mas a fiscalização documental é a mesma. No verde, desembaraço automático, e no vermelho conferência de documentos e mercadorias. Da mesma forma que ocorre na importação, o exportador só fica sabendo para qual canal de parametrização sua carga será direcionada quando a mercadoria já estiver no porto.

Para facilitar os trâmites de empresas maiores, que produzem e exportam em grandes quantidades, há o Programa Operador Econômico Autorizado (OEA). Trata-se de uma certificação para empresas que representam mínimos riscos de descumprimento de regras aduaneiras, para que seus processos de desembaraço possam ocorrer de forma mais rápida e ágil. Tanto importadores quando exportadores podem ser certificados, e o Programa OEA é regulado pela Instrução Normativa 1.598/15 da Receita Federal.

Após uma modernização recente, o Siscomex "puxa" os dados da nota fiscal emitida pelo importador ou exportador, o que facilita seu preenchimento. Ainda assim, há algo muito importante para as operações de importação e exportação, que é a classificação fiscal de mercadorias, vista logo a seguir.

CLASSIFICANDO AS MERCADORIAS

No decorrer do século XX, o comércio internacional aumentou exponencialmente e as transações internacionais dão um grande salto a partir do pós-guerra. Para que isso ocorresse, foi necessário harmonizar algumas práticas comerciais, para facilitar os trâmites globais de comércio e harmonizar legislações que, no entreguerras, adotaram práticas protecionistas. Uma das iniciativas de padronização de normas foi a criação de um único código de mercadorias.

Ao considerar por um momento quantas mercadorias são transacionadas pelo mundo, pode-se perceber que se trata de um volume imenso de coisas diferentes. Num cenário em que cada país tivesse uma própria classificação de mercadorias seria possível que, por exemplo, o Brasil classificasse suas mercadorias em ordem alfabética e a Hungria classificasse por gênero (animal, vegetal, mineral...). Caso o Brasil, por exemplo, exportasse carne bovina congelada para a Hungria, a mercadoria poderia ter o código "2305", mas, ao chegar lá, esse código poderia significar algo completamente diferente, como "bicicletas de alumínio sem pedal". Ou seja: se cada país classificasse suas mercadorias de um jeito, seria uma grande confusão tentar realizar operações de compra e venda – mesmo com a adoção de um mesmo idioma para as práticas e negociações comerciais.

Pensando nisso, a Organização Mundial das Alfândegas (OMA) criou um código a ser utilizado por todo o mundo. Trata-se do Sistema Harmonizado de Designação e de Codificação de Mercadorias, cuja convenção de divulgação foi publicada em 1983. Normalmente, o código de uma mercadoria de acordo com o Sistema Harmonizado é referido simplesmente como "código SH" ou apenas "SH". Hoje, mais de 200 países e 98% do comércio internacional utilizam o código SH, o que facilita diametralmente a elaboração de estatísticas comerciais e simulações de preços de venda (Nyegray, 2016).

Inicialmente se cogitou que o SH classificasse as mercadorias em ordem alfabética, mas se adotada essa possibilidade traria centenas de problemas: se algum código adotasse a classificação alfabética, a cada vez que uma nova mercadoria fosse criada e inserida em meio às demais, todos os itens posteriores mudariam de lugar. Foi pensando em situações assim que o SH classifica os bens em ordem de participação humana. Isto é, aqueles itens que não necessitam do homem para surgir vêm primeiro; e aqueles que são altamente humanos estão mais ao final. A primeira parte é de animais vivos e a última é de obras de arte.

A tabela do SH possui 99 capítulos, começando com os animais vivos e contando com dois capítulos em branco para utilização futura. É importante destacar também que o SH possui regras de interpretação. Por exemplo, não se pode classificar a mercadoria utilizando apenas seu número de posição, como "01.01", e deve-se utilizar o número completo, como "0101.29".

Outro ponto importante é que uma referência a um produto o abrange ainda que ele esteja incompleto ou inacabado. Por exemplo, se alguém estiver importando notebooks sem o teclado, classifica-se o item apenas como notebooks, pois o fato de estar sem o teclado não tira deles a característica principal. Se não fosse assim, a tabela necessitaria conter coisas como "bicicletas sem pedal" ou "automóveis sem bancos", e seria praticamente interminável.

Quando uma mercadoria puder ser classificada em mais de um local, a regra é que a posição mais específica deve ser utilizada em detrimento das mais genéricas. Quando não há algo idêntico ao que se procura, deve-se utilizar o que for mais semelhante. Uma outra regra explica ainda que estojos e embalagens classificam-se junto ao item que acompanham. Por exemplo, se alguém está importando ou exportando um telescópio cuja embalagem é o próprio estojo de transporte, não é necessário classificar a embalagem. Embalagens, estojos e cilindros só são classificados quando são o objeto de uma dada transação.

O Brasil utilizou o Código SH entre 1988 e 1995. Como se sabe, desde 1991 o Brasil é membro do Mercosul. O Mercosul possui sua própria classificação fiscal de mercadorias, chamada Nomenclatura Comum do Mercosul (NCM), que é utilizada a partir de 1995. Trata-se de uma lista local de mercadorias, códigos e produtos.

A base da NCM é a tabela do Sistema Harmonizado. A primeira diferença está no número de dígitos: o SH tem 6 e a NCM tem 8. A ideia, ao acrescentar dois dígitos a mais, é fornecer especificidades a alguns itens utilizados dentro do bloco. De toda forma, as regras de interpretação prevalecem e é possível pedir a eventuais fornecedores estrangeiros de mercadorias o "HS Code" (Código do Sistema Harmonizado), pois em 99,9% dos casos o código é o mesmo.

Tal qual ocorre no SH, na NCM a classificação também se dá a partir da participação humana na criação do bem. A segunda diferença está em ter uma coluna a mais. A tabela da NCM possui três colunas: o código NCM, a descrição do item e a TEC. TEC significa Tarifa Externa Comum, e é a base para o imposto de importação brasileiro. Uma vez que o Mercosul é um bloco econômico, a ideia era que todos os países-membros adotassem as mesmas tarifas para os produtos importados, o que não ocorre. De toda forma, a TEC é o ponto de partida para o cálculo dos tributos incidentes na importação de um determinado item, como será abordado adiante.

Assim como ocorre na classificação do Sistema Harmonizado, as regras de interpretação prevalecem. Ao preencher o Siscomex para registrar uma importação ou exportação, o importador ou exportador precisará, necessariamente, colocar o número NCM da mercadoria que está sendo transacionada. Esse número precisa estar completo, não sendo possível utilizar apenas a posição ou subposição do item.

O código NCM obedece, portanto, à seguinte estrutura: capítulo (dois primeiros dígitos do código do Sistema Harmonizado), posição (quatro primeiros dígitos do código do Sistema Harmonizado), subposição (seis primeiros dígitos do código do Sistema Harmonizado), item (7º dígito da NCM) e subitem (8º dígito da NCM).

É comum que o importador ou o exportador utilize a classificação errada de NCM numa operação. Nesses casos, de acordo com o inciso

I do art. 711 do Regulamento Aduaneiro, aplica-se pena de 1% sobre o valor aduaneiro da mercadoria. Logo adiante, veremos como a TEC é utilizada como base da tributação das importações e o que é o valor aduaneiro de uma mercadoria.

TRIBUTAÇÃO E REGIMES ADUANEIROS

Uma das mais constantes reclamações dos brasileiros sobre o próprio país refere-se à tributação elevada. Não é de se espantar, uma vez que temos que trabalhar cerca de 6 meses por ano apenas para pagar tributos e impostos ao governo (G1, 2020). Em relação à tributação sobre as empresas, o Brasil é o 4º país do mundo que mais tributa, estando à frente de todos os países-membros da Organização para Cooperação e Desenvolvimento Econômico (OCDE) (Ellery, 2020).

Essa situação relaciona-se profundamente com os negócios internacionais. Em primeiro lugar, muitas empresas brasileiras acabam não podendo contratar profissionais exclusivos para essa área, uma vez que precisam pagar altos tributos para os governos (federal, estadual e municipal). Assim, profissionais de marketing, contabilidade, finanças ou da área comercial acabam sendo levados a estudar e atuar em negócios internacionais. O contrário também ocorre: internacionalistas acabam aprendendo sobre marketing, contabilidade, finanças e aspectos comerciais para lidar com negócios nacionais e internacionais.

Segundo, muitas importações acabam ficando muito mais caras quando feitas para o Brasil do que quando feitas para outros países. No início deste capítulo comentamos como o Direito Aduaneiro possui relações com o Direito Tributário, muito graças à própria função arrecadatória da aduana.

Para a compreensão em profundidade desse tema é necessário compreender o que é tributo. Quem responde a essa questão é o Código Tributário Nacional (CTN), ao dizer em seu art. 3 que: "Tributo é toda prestação pecuniária compulsória, em moeda ou cujo valor nela se possa exprimir, que não constitua sanção de ato ilícito, instituída em lei e cobrada mediante atividade administrativa plenamente vinculada".

Prestação pecuniária significa que tributo é uma prestação em dinheiro. Compulsório, é algo obrigatório. Portanto, tributo é toda prestação obrigatória em dinheiro. Na sequência, o art. 3º do CTN é um tanto redundante ao afirmar que essa prestação é "em moeda ou cujo valor nela se possa exprimir". Aqui, entende-se que tributo pode ser tanto um valor expresso em dinheiro quanto um percentual sobre algo. Depois, continua o CTN dizendo que é tributo aquilo que "não constitua sanção de ato ilícito". Assim, pode-se entender que tributo não é multa, pois as multas sim são sanções de atos ilícitos.

O CTN diz também que os tributos precisam ser instituídos em lei. Esse é o princípio da legalidade, e está também na Constituição Federal. Por fim, o art. 3º afirma que o tributo precisa ser cobrado "mediante atividade administrativa plenamente vinculada". Essa atividade é um ato do Poder Público para fiscalizar e exigir a cobrança dos tributos: a União exige os tributos federais, os estados e o Distrito Federal os tributos estaduais, e os municípios os tributos municipais.

Assim, simplificando os dizeres do art. 3º do Código Tributário Nacional, tem-se que os tributos são prestações obrigatórias em dinheiro ou percentuais, que não são multas, instituídos em lei e cobrados pelo fisco. Aqueles não versados nos temas tributários tendem a utilizar os termos "imposto" e "tributo" como sinônimos, o que não é verdadeiro. O imposto é um tipo de tributo, assim como taxas ou contribuições de melhoria. Os impostos possuem hipóteses de incidência e fatos geradores, que não são objeto de nossa atenção aqui. É importante, no entanto, que se entenda que impostos são um dentre três tipos de tributos.

Nas exportações, os tributos incidentes são: imposto de exportação (IE); imposto sobre produto industrializado (IPI); PIS/Cofins; imposto sobre circulação de mercadorias e serviços (ICMS); e adicional sobre o frete para renovação da Marinha Mercante (AFRMM).

Todos os tributos mencionados anteriormente encontram ampla previsão legal. O questionamento que se deve fazer, no entanto, é se vale a pena tributar as exportações. Obviamente que não, uma vez que, ao fazer isso, torna-se o produto nacional mais caro e, portanto, menos competitivo no exterior. O governo opta por não tributar a exportação para tributar a renda que essa operação traz para a empresa via imposto de renda. Se as exportações fossem tributadas, o país estaria, na prática, internacionalizando um imposto. É justamente por isso que, embora haja previsão legal da tributação das exportações, poucos produtos precisam pagar esse tributo. Atualmente, a previsão de tributação na exportação restringe-se a: couros e peles, cigarros contendo tabaco e fumo, armas e munições, e leite e creme de leite.

O objetivo do governo ao tributar esses produtos não é arrecadar, mas desestimular as vendas ao exterior desses itens. É por isso que se diz que o imposto de exportação é um tributo extrafiscal, o que será abordado logo adiante. É importante que se saiba que é necessário calcular tudo por conta na tributação das exportações. Existem simuladores no site do Ministério da Economia que podem auxiliar nessa tarefa (indica-se o site http://simuladordepreco.mdic.gov.br/ para a simulação dos preços das exportações).

Ao preparar um produto para exportar, devem-se retirar todos os impostos que incidem sobre ele, uma vez que o que é produzido para destinação ao exterior não tem tributos (exceto, é claro, os itens mencionados). Na sequência, retira-se do custo do produto sua embalagem, o transporte e a lucratividade no mercado interno para, na sequência, adicionar novamente esses valores – mas destinados ao exterior. Como se sabe, ao exportar indica-se utilizar embalagens e rótulos traduzidos e, eventualmente, um novo nome de marca.

Nas importações, por sua vez, incidem os tributos: imposto de importação (II), imposto sobre produto industrializado (IPI), PIS/Cofins, imposto sobre circulação de mercadorias e serviços (ICMS) e adicional sobre o frete para renovação da Marinha Mercante (AFRMM).

Ao contrário do que ocorre com as exportações, as importações são alvo de vários tributos que podem aumentar bastante o valor do produto que está sendo trazido. Como se pode notar pelos tributos listados, são impostos muito semelhantes àqueles incidentes na exportação, com a diferença de que agora se fala do II, o imposto de importação, ao invés do IE, o imposto de exportação.

O cálculo desses tributos inicia-se pela porcentagem do imposto de importação da TEC (tarifa externa comum), disponível na terceira coluna da tabela da NCM (Nomenclatura Comum do Mercosul), abordada anteriormente. Na sequência, aplica-se o IPI sobre o valor do produto já somado ao imposto de importação. Ocorre nas importações a chamada "tributação sobre tributação". Da mesma forma que acontece nas exportações, há um simulador de custos que pode ajudá-lo no site da Receita Federal (http://www4.receita.fazenda.gov.br/simulador/).

Há de se lembrar que II ou IE, IPI, PIS/Cofins e AFRMM são tributos federais, enquanto o ICMS é um tributo de competência estadual. Com isso, as alíquotas desse imposto podem variar de estado para estado. De outro lado, é importante frisar que, enquanto alguns tributos possuem como finalidade a arrecadação para custeio de atividades estatais, outros, como o imposto de importação (II), imposto de exportação (IE) ou o imposto sobre produtos industrializados (IPI), são chamados de extrafiscais. Isso significa que o objetivo da autoridade fiscal com a cobrança desses tributos não é exatamente arrecadar, mas estimular ou desestimular algumas atividades.

Por exemplo: quando o governo quis incentivar o setor automobilístico, a União reduziu ou zerou as alíquotas de IPI para veículos com determinadas características. Quando, em meio à pandemia da covid-19 foi necessário importar máscaras e respiradores, as alíquotas de II desses itens também foram zeradas.

Nesse ponto, existem aqueles que importam produtos de mil dólares e pedem para que o exportador altere o valor do item nos documentos para – por exemplo – dez dólares. Isso não é possível, uma vez que o valor a ser enviado ao exterior para pagar a mercadoria será o valor real (mil dólares no caso do exemplo). Em segundo lugar, essas tentativas ocorrem para que a tributação ocorra não sobre o valor maior (mil), mas sobre o valor menor (dez). Isso também não é possível. O valor base das importações é o chamado "valor aduaneiro", ou seja, o valor que o importador realmente pagou pela mercadoria. Isso normalmente envolve: *mercadoria*, mais *frete internacional*, mais *seguro internacional*, mais *capatazia marítima*. A capatazia é um valor pago pelas movimentações de cargas e contêineres dentro de uma dada instalação portuária.

Ou seja: ao valor de mercadoria somam-se seu custo de transporte, o seguro e o valor de movimentação portuária (capatazia). Para evitar que importadores e exportadores ocultem o real valor da mercadoria para pagar menos tributos é que existem as chamadas regras de valoração aduaneira. Essas regras são internacionais e foram criadas no âmbito do GATT (Acordo Geral de Tarifas e Comércio). São seis métodos distintos: 1º Método – valor da transação; 2º Método – valor de mercadoria idêntica; 3º Método – valor de mercadoria semelhante; 4º Método – valor de revenda; 5º Método – valor computado; 6º Método – valor baseado em critério razoável. Essa não é uma regulamentação brasileira, mas decorre do GATT.

Usa-se o primeiro método quando importador e exportador não possuem vínculos. Caso sejam duas empresas do mesmo grupo, ou matriz e filial, a tributação terá por base o valor de mercadoria idêntica. Caso não haja nada idêntico, busca-se o valor de um produto semelhante para iniciar a tributação. Se nem isso for possível, a Receita Federal analisará o valor de revenda, ou o valor dos componentes do produto ou buscará outro critério para entender o valor base para a tributação. Todo esse esforço serve para coibir declarações de valor de mercadoria que não correspondam à realidade. É a partir do valor da mercadoria, mais seu custo de transporte, seguro e capatazia que incidem os tributos de importação.

A questão que se coloca agora é compreender se todas as importações são tributadas. Em regra, sim. No entanto, existem casos em que a mercadoria chega ao Brasil ou para retornar ao exterior em algum momento ou com algum benefício fiscal, ainda que temporário. É aqui que se torna necessário compreender os chamados regimes aduaneiros especiais.

O Regulamento Aduaneiro trata desses regimes a partir do art. 307, que aponta os casos em que é possível ou não que uma mercadoria importada receba tratamento diferenciado por parte da autoridade aduaneira. Um desses casos é o trânsito aduaneiro. É o que ocorre, por exemplo, quando mercadorias destinadas ao Paraguai (país que não possui acesso ao mar) chegam aos portos brasileiros. Esses itens não ficarão aqui em definitivo, apenas transitam pelo território brasileiro até entrar no país vizinho. Não faz sentido, portanto, que tais produtos sejam tributados no Brasil. Uma vez na fronteira com o Paraguai, a Receita Federal analisa e pesa o contêiner ou caminhão para garantir que não houve desvio de rota. As rotas de veículos em regime aduaneiro especial de trânsito aduaneiro são dadas pela autoridade aduaneira, e caso exista desvio injustificado pode haver o chamado perdimento da mercadoria.

Um outro exemplo de trânsito aduaneiro é o que ocorre entre as estações aduaneiras de interior – chamadas de portos secos – e os locais de embarque das mercadorias ao exterior. Um porto seco é um ambiente alfandegado para conferência de mercadorias em zona secundária. Uma vez que o Brasil possui um imenso território, muitos itens destinados ao exterior são fiscalizados nos portos secos e, quando chegam aos portos, aeroportos ou pontos de fronteira, podem ser embarcados nos meios de transporte. Do porto seco ao porto ou aeroporto de embarque, a mercadoria circula pelo país em regime de trânsito aduaneiro.

Outro exemplo de regime aduaneiro especial é a chamada admissão temporária. É o caso de um produto que vem para o Brasil, fica um tempo aqui, e retorna ao exterior. Pode ser o caso, por exemplo, de uma máquina estrangeira que vem para ser exibida em alguma feira comercial em nosso país. Como esse item não ficará em definitivo no Brasil, não será tributado. O inverso também é verdadeiro: um produto brasileiro pode ser exportado temporariamente para participar de um evento ou feira comercial em outro país. Ao retornar para cá, esse item não sofrerá tributação.

Muitas empresas brasileiras que exportam produtos manufaturados acabam por importar alguns componentes que farão parte do item final. Nesse caso, a empresa pode utilizar-se do regime aduaneiro especial de *drawback*. O *drawback* consiste na suspensão, isenção ou restituição dos tributos de II, IPI e PIS/Cofins de produto importado que será exportado posteriormente.

Além desses, existem outros regimes aduaneiros especiais dispostos no Regulamento Aduaneiro. Fato é que, dependendo do caso, nem toda importação precisa ser tributada. Saber disso pode poupar gastos desnecessários ou elevados, e pode também facilitar e estimular a inserção internacional das empresas brasileiras.

Global sourcing, intermediários, facilitadores e questões operacionais

As Relações Internacionais e os negócios internacionais pressupõem contato diário com o novo, com o diferente. São novos consumidores, novas oportunidades para negócios e novas necessidades: adaptação de marketing, pensar globalmente os recursos humanos, ajustar produtos e serviços conforme legislações locais, e estar em conformidade com as normas brasileiras para importação e exportação.

É justamente sabendo dessa ampla gama de exigências que muitas empresas desistem sem nem começar. Inicialmente, acredita-se que todas essas situações e exigências sejam por demais complicadas e que estejam muito distantes da realidade da maior parte das empresas nacionais. Eis aqui um grande engano. Para auxiliar tanto as empresas pequenas e iniciantes quanto as grandes e experientes existem intermediários, facilitadores, agentes logísticos e possibilidades de *global sourcing*. Neste capítulo, serão abordadas todas essas modalidades de auxílios.

GLOBAL SOURCING

É frequente que empresas estadunidenses desenvolvam seus produtos na China com peças fabricadas em Hong Kong. Ou, então, que farmacêuticas alemãs desenvolvam produtos em Cingapura depois de realizar atividades de pesquisa e desenvolvimento (P&D) na Rússia.

Essas atividades permitem que as organizações busquem o que há de melhor no mundo a um custo menor do que se tentassem realizar, por conta, essas mesmas atividades em seu próprio país. Isso recebe o nome de *global sourcing* (GS), que pode ser traduzido livremente como "fornecimento global".

Como ensinam Cavusgil et al. (2010: 361), o *global sourcing* é a "aquisição de produtos ou serviços de fornecedores independentes ou de subsidiárias da própria empresa localizadas no exterior para o consumo no país de origem ou em outro país". O *global sourcing* trata da coordenação de diversas atividades da cadeia de valor da empresa, realizadas em vários países.

A cadeia de valor refere-se ao conjunto de atividades que uma determinada empresa realiza, desde a compra de insumos, produção do bem até sua entrega ao consumidor final. Como citado nos exemplos iniciais, empresas de tecnologia estadunidenses criam seus produtos nos EUA. Se esses mesmos itens fossem produzidos ali, teriam um custo elevadíssimo. Para reduzir o custo de produção, algumas empresas dos EUA fabricam no México e enviam o produto acabado para os EUA. Nesse caso, a circulação de produtos entre México e EUA aproveita-se das baixas tarifas propiciadas pelo acordo do Nafta.

A empresa mexicana que produz o item da organização estadunidense compra matérias-primas, que podem vir do mercado interno ou de outros países, como Taiwan. Organizar toda essa cadeia, desde o desenho do produto nos EUA, a produção no México, a compra de matérias-primas de Taiwan até o envio do produto acabado aos EUA, é uma questão de *global sourcing*.

Existem várias formas pelas quais o *global sourcing* pode acontecer. A primeira delas é através de compras internacionais. A empresa busca, no exterior, peças e insumos para produzir seus itens da melhor forma possível a um menor custo. É o que faz, por exemplo, a Embraer. As turbinas vêm dos EUA, partes das asas vêm do Japão e a eletrônica vem da Bélgica e da França. Com isso, a fabricante de aviões consegue os melhores componentes, de fornecedores independentes, sem necessariamente produzi-los.

A segunda maneira de se fazer *global sourcing* é através de subsidiárias no exterior. Essa forma é bastante comum para empresas multinacionais, cujas filiais espalhadas pelo mundo entregam diferentes produtos ou serviços para a matriz. Empresas farmacêuticas, por exemplo, tendem a desenvolver produtos dentro da própria empresa em subsidiárias espalhadas pelo mundo.

Uma outra possibilidade chama-se *outsourcing*, que significa "enviar para fora". Trata-se de terceirizar atividades específicas que não são centrais para a empresa. Por exemplo: companhias aéreas estadunidenses e europeias fazem o *outsourcing* dos seus serviços de atendimento ao consumidor para a Índia. Por mais que, na Europa, alguém faça uma ligação local para o SAC da companhia aérea, essa ligação é transferida para o país asiático. O que não se faz é terceirizar algo central para a empresa, como sua propriedade intelectual (invenções, patentes, desenhos técnicos), uma vez que algo assim poderia ter consequências graves para a organização – como a perda de sua propriedade intelectual.

Por fim, o *global sourcing* envolve também o *offshoring*, que consiste em levar todo um processo ou unidade de negócio a um outro país. De acordo com Cavusgil et al. (2010: 365), o *offshoring* é "especialmente comum no setor de serviços, incluindo serviços bancários, programação de software, serviços jurídicos [...]". É o que ocorre quando seguradoras internacionais transferem a administração dos seguros para empresas no Panamá.

Da mesma forma que em qualquer outra área dos negócios, o *global sourcing* também tem seus riscos. Dentre eles estão a eventualidade de economias menores do que o originalmente esperado, flutuações cambiais que alterem os preços dos itens e os salários dos colaboradores no exterior, ambientes jurídicos arriscados e a possibilidade de criar futuros concorrentes. Normalmente, bons contratos podem resolver os dois últimos riscos, mas não há como controlar fatores como, por exemplo, as taxas de câmbio de forma permanente e definitiva. Ainda que exista a possibilidade de contratos de *hedge*, eventualmente as oscilações cambiais ocorrem de forma abrupta, sem indícios iniciais. Movimentações políticas, como visto anteriormente, podem afetar o câmbio. Quando isso ocorre e a organização não tem os contratos de *hedge* já celebrados, é impossível evitar as oscilações cambiais.

Obviamente que não são todos os casos em que o GS é indicado. Empresas cuja reputação da marca baseia-se fortemente no local onde os itens são produzidos, como whiskies escoceses, motos estadunidenses Harley-Davidson ou luxuosos automóveis ingleses, são ícones locais e, portanto, não são alvo de GS. O resultado disso é que as produções são menores e seus produtos mais exclusivos.

INTERMEDIÁRIOS

Quando se internacionaliza via exportações, é necessário levar o item fisicamente até o exterior. Mais do que colocar o contêiner no navio, é preciso que alguém efetue o desembaraço aduaneiro no destino, retire a mercadoria do porto e leve-a até o comprador ou até um armazém. Muitas vezes, produtos destinados ao consumidor final, como vinhos, alimentos, roupas ou eletrônicos, precisam ser colocados em prateleiras de lojas ou supermercados.

Quem pode auxiliar as empresas nesse tipo de atividade são os intermediários. Cavusgil et al. (2010: 53) afirmam que os intermediários "podem ser de diferentes tipos, desde grandes empresas internacionais até pequenas operações altamente especializadas. É uma ajuda muito bem-vinda na maior parte dos casos. São empresas especializadas na prestação de serviços específicos e, na maior parte dos casos, bastante acostumadas a atender a clientes internacionais.

Existem ao menos três tipos de intermediários. Aqueles *baseados no mercado externo*: podem ser distribuidores, representantes comerciais ou agentes de vendas ou prestadores de serviços em geral. São aqueles que estão no mercado alvo do exportador e podem tanto representar a empresa quanto coordenar atividades locais. Há também os intermediários *baseados no país de origem*: pode ser uma *trading company*, por exemplo, que compra produtos no mercado de seu país para enviá-los ao exterior, onde há demanda por algum produto específico. Muitas *commodities* como soja ou açúcar são vendidas assim.

Por fim, há aqueles intermediários que funcionam *operando pela internet*: empresas que compram itens de alguns vendedores e os expõem à venda on-line em algum tipo de plataforma. De outro lado, podem ser sistemas de informação ou serviços de acompanhamento de cargas e mercadorias, prestados exclusivamente on-line.

Como pontuam Cavusgil et al. (2010: 53), para "a maioria dos exportadores, recorrer a um distribuidor externo independente é uma alternativa de baixo custo para entrar em mercados estrangeiros". Hoje, na era da hiperconcorrência, toda a ajuda é bem-vinda, em especial quando reduz custos, agrega conhecimentos e minimiza riscos.

FACILITADORES

Para internacionalizar de forma segura, há que se pensar em mais do que a distribuição – muito mais necessária nas exportações do que em outras formas de internacionalização – ou nas questões de marketing. Considere, por exemplo, as empresas estrangeiras hoje presentes no Brasil. Pode ser aquela marca de jeans, aquela rede de perfumaria e cosméticos ou mesmo alguma montadora. Em algum momento de sua trajetória, essas organizações precisaram de um CNPJ, de um contrato social e do cumprimento de toda legislação empresarial brasileira.

Os brasileiros podem, como alguma facilidade, saber como é esse procedimento no país. Mas para os brasileiros, entender como fazer o mesmo nos EUA, na Argentina, na Hungria ou na Tailândia pode ser muito complexo. Isso vale também para dúvidas sobre como iniciar um processo de franquia ou como elaborar um contrato de licenciamento em alguma outra nação. Pode parecer difícil, mas é aqui que entram os facilitadores. São profissionais ou empresas que podem auxiliá-lo em seu processo de internacionalização.

No ensinamento de Cavusgil et al. (2010: 59), os facilitadores são aqueles que "prestam diversos serviços, desde a condução de pesquisa de mercado até a identificação de potenciais parceiros comerciais e assessoria jurídica. [...] alguns facilitadores são especialistas em gestão de cadeia de suprimento, responsáveis pelas atividades de distribuição física e logística de seus clientes". São, portanto, profissionais como advogados ou consultores ou grandes empresas logísticas, como FedEx, DHL ou TNT.

Para a internacionalização via investimento estrangeiro direto, por exemplo, os facilitadores podem ser os advogados e consultores que organizarão a operação da empresa no mercado de destino. Para exportações ou importações, pode ser um despachante aduaneiro, que se encarregará das liberações alfandegárias das mercadorias, junto à Receita Federal brasileira ou do país de destino.

Seja através de intermediários, seja por meio de facilitadores, é importante que se saiba que não é preciso atuar sozinho em negócios internacionais, e que há toda uma rede de profissionais e empresas de suporte, habituadas a tratar com clientes globais e com experiências consideráveis que podem ajudar as empresas iniciantes para um processo de internacionalização sem surpresas desagradáveis.

UM POUCO SOBRE A LOGÍSTICA

Muitas empresas distribuem sua cadeia de valor pelo mundo, seja produzindo onde é mais barato, seja se aproveitando de particularidades locais. Retomemos um exemplo frequente, o da Apple: aparelhos desenhados na Califórnia, produzidos na China e no Brasil com peças de Hong Kong e Taiwan. Mais do que a excelência na coordenação de várias atividades desempenhadas em diversas nações, os negócios internacionais possuem uma outra preocupação. Além de conectar indústrias, peças e insumos e de conectar produtos a clientes, há outra tarefa absolutamente essencial: o transporte de produtos, insumos e afins entre várias regiões distintas do globo.

O transporte, seja ele internacional, seja doméstico, é tema da área de logística. Na área de negócios, é comum que grandes empresas – como nos exemplos de projeto de itens numa nação e manufatura em outras – formem as chamadas cadeias de abastecimento. É Bertaglia (2012: 4) quem comenta que essa cadeia corresponde "ao conjunto de processos requeridos para obter materiais, agregar-lhes valor de acordo com a concepção dos clientes e consumidores e disponibilizar os produtos para o lugar (onde) e para a data (quando) que os clientes e consumidores desejarem".

Internacionalmente, pensar a cadeia logística envolve o entendimento de que, para que uma dada organização consiga ofertar um item a um preço competitivo ao consumidor final, seus insumos devem ser comprados e transportados num valor também competitivo. É por isso que há a necessidade de integrar o planejamento logístico às demais etapas de planejamento de negócios internacionais. Não é possível pensar a internacionalização sem considerar os fatores de transporte.

É nesse planejamento que entra a escolha dos chamados "modais". Um modal é uma forma de transporte. Pode ser terrestre – rodoviário ou ferroviário –, marítimo ou aéreo. Cada qual possui seus custos, vantagens e desvantagens. Tradicionalmente, a forma mais cara de transporte de mercadorias é a aérea, e a mais cômoda é a rodoviária. A razão é simples: o modal rodoviário é o que se chama de *door to door*, em que se coleta a mercadoria na fábrica do vendedor e entrega-se a mercadoria diretamente ao comprador. Isso não é possível para bens transportados de forma marítima ou aérea. Não é minimamente possível que um navio imenso "estacione" na frente de uma empresa no meio de uma grande cidade.

Um outro ponto relevante é que cargas mais caras e de maior valor agregado – como joias ou automóveis de luxo – tendem a ser transportadas de forma aérea. Produtos a granel tendem a ser transportados por via marítima. Enquanto o modal aéreo é o mais rápido e mais caro, o marítimo é mais lento, mas mais dinâmico por permitir o translado de diferentes tipos de carga em tipos distintos de embarcação ou de contêineres. A escolha pela forma de transporte depende não apenas do valor do bem ou da agilidade necessária em seu transporte, mas também do seu volume ou características da carga. Cargas congeladas podem ser transportadas por navio em contêineres refrigerados, não necessitando de transporte aéreo. Cargas a granel podem ser transportadas em navios graneleiros. Gases e líquidos podem ser transportados em contêineres ou navios específicos para esse tipo de item.

Pode-se afirmar, com bastante certeza, que os transportes foram revolucionados na segunda metade do século XX, não apenas por modais mais ágeis, mas também pelo aumento na sua oferta e por algumas inovações. É o caso dos contêineres, inventados na década de 1960. Antes de seu uso, como comenta Stopford (2017), os navios passavam mais de dois terços de seu tempo atracados, para que caixas, sacos e produtos fossem colocados um a um dentro de seus porões. Com a chamada conteinerização da carga, ficou mais fácil carregar e descarregar os navios.

Deve-se destacar também que não é apenas a necessidade ou a vontade do comprador e do vendedor que pautam a escolha pelo modal. Como apontam Robles e Nobre (2016: 80), "na logística internacional, o modal de transporte obedece ainda a restrições geográficas, ou seja, no caso do Brasil, o modo terrestre está restrito aos países lindeiros da América do Sul, assim como a embalagem ou a falta dela (produtos a granel) determinam a escolha do modal".

Seja qual for a escolha logística feita, os operadores de transporte nacional ou internacional obedecem a todas aquelas regras aduaneiras vistas no capítulo anterior. Isso inclui os documentos, como manifesto e conhecimento de carga e as *invoices*, e também as regras de fiscalização aduaneira. A questão que se coloca aqui é estipular responsabilidades claras entre compradores e vendedores, oriundos de sistemas legais e jurídicos com tantas diferenças.

Tradicionalmente, a estipulação de responsabilidades e obrigações se dá via contratos internacionais. Trata-se de uma área do Direito Internacional Privado, que estipula direitos e obrigações para ambas as partes. Em relação ao transporte internacional, durante muito tempo prevaleceu a dúvida: até onde vai a obrigação de cada uma das partes envolvidas? Foi para resolver questões como o início da responsabilidade do comprador e o fim da responsabilidade do vendedor sobre uma mercadoria e sobre o transporte em si que surgiram os Incoterms (International Commercial Terms).

Nos dizeres de Cavusgil et al. (2010: 432), "no passado, havia casos de disputa sobre quem devia pagar o custo do frete e seguro nas transações internacionais: o vendedor (ou seja, o exportador) ou o comprador no exterior. Para eliminar essas contendas, um sistema universal e padronizado de termos de venda e entrega, conhecido como Incoterms, foi desenvolvido pela Câmara de Comércio Internacional". Esses termos não substituem os contratos internacionais, mas ajudam a estipular com clareza as responsabilidades de vendedor e comprador. Os Incoterms foram criados pela Câmara de Comércio Internacional (CCI), e são revisados de 10 em 10 anos.

Em sua versão mais recente, os Incoterms 2020, há os seguintes termos: *EXW – Ex Works, FCA – Free Carrier, FAS – Free Alongside Ship, FOB – Free On Board, CPT – Carriage Paid To, CIP – Carriage And Insurance Paid To, CFR – Cost And Freight, CIF – Cost Insurance And Freight, DAP – Delivered At Place, DPU – Delivered At Place Unloaded* e *DDP – Delivered Duty Paid*.

Como se percebe, são quatro grupos: E, F, C e D. Do primeiro deles, o EXW, ao último, o DDP, a responsabilidade pelo frete e seguro vai transitando entre os polos da relação comercial. Uma compra e venda internacional na modalidade *Ex Works* significa que o vendedor entrega a mercadoria quando a deixa pronta em sua própria fábrica. É a máxima responsabilidade do comprador e mínima do vendedor. Nesse caso, é responsabilidade do comprador buscá-la no país de origem, pagando frete e seguro dentro do país de origem até o porto, do porto de origem até o porto de destino, e do porto de destino até o ponto de destino dentro de seu país.

Na outra ponta, completamente diferente de uma compra e venda *Ex Works*, está o *Delivered Duty Paid*, que significa algo como "entregue com tributos pagos". Nesse caso, a responsabilidade é mínima para o comprador e máxima para o vendedor. O vendedor, na modalidade DDP, compromete-se a entregar a mercadoria com os tributos aduaneiros pagos no país de destino. Todos os trâmites da compra e venda estão sob sua responsabilidade: pagando frete e seguro dentro do país de origem até o porto, do porto de origem até o porto de destino, e do porto de destino até o comprador dentro de seu país no exterior.

Dentre os 11 Incoterms, os mais utilizados são o *Free On Board* (FOB) e o *Cost Insurance And Freight* (CIF). Uma compra internacional realizada com o Incoterm FOB significa que a responsabilidade do vendedor é entregar a mercadoria no navio e porto indicado pelo comprador. Nesse caso, o vendedor paga o frete e seguro até o navio no país de origem, e o comprador encarrega-se de pagar o frete e seguro do porto de origem até seu país.

De outro lado, uma compra e venda CIF significa que a responsabilidade do vendedor é entregar a mercadoria no navio e porto indicado pelo comprador, com frete e seguro pagos até o porto de destino. Do porto de destino até a localização de sua vontade, o frete e seguro ficam por conta do comprador.

O uso dos Incoterms não substitui um contrato internacional, pois não tratam de forma e modalidade de pagamento. Mesmo assim, ao padronizar esses 11 termos, tornam-se muito mais fáceis as negociações internacionais, uma vez que o significado dos Incoterms é o mesmo, independentemente do país e do sistema jurídico adotado.

ALGUMAS NORMAS GLOBAIS

No decorrer da história, alguns anos ficam especialmente marcados. Um desses anos é 2001. Todos lembram o que ocorreu naquele fatídico dia de setembro. Outro é 1929, quando eclodiu uma crise financeira que abalou os alicerces econômicos do planeta.

Àquela época não havia, como hoje, Organizações Internacionais de caráter especializado que poderiam canalizar os esforços das nações para uma saída coletiva para o problema global enfrentado. Por isso, a maior parte dos países buscou, de forma isolada, livrar-se dos efeitos da recessão. O resultado hoje sabemos: políticas protecionistas que aprofundaram ainda mais a crise da qual se tentava sair.

Foi visando evitar que outra crise econômica despontasse ao final da Segunda Guerra que os aliados se reuniram em 1944, quando o conflito caminhava para o fim. Naquele ano, ocorreu a chamada reunião de Bretton Woods, na qual se buscou lançar as bases para o sistema econômico e financeiro do pós-guerra. Em Bretton Woods, criaram-se duas organizações: o Fundo Monetário Internacional (FMI) e o Banco Internacional para Reconstrução e Desenvolvimento (Bird).

Havia também a intenção de se criar a Organização Internacional do Comércio (OIC). No entanto, os Estados não chegaram a um consenso sobre temas fundamentais a respeito do comércio global. Por isso, no lugar da OIC, ficou-se com o que seria seu preâmbulo. É o preâmbulo do que seria o tratado da Organização Internacional do Comércio, o chamado GATT (relembrando: *General Agreement on Tariffs and Trade* – o Acordo Geral de Tarifas e Comércio).

Mesmo sem a OIC, o GATT trouxe princípios fundamentais para o comércio internacional, que foram sendo aprimorados em várias rodadas de negociação ocorridas ao longo da segunda metade do século XX. A ideia principal era liberalizar e reduzir as barreiras ao comércio.

Hoje, as cláusulas do GATT foram incorporadas ao arcabouço normativo da OMC. Muitas de suas normas – como a norma de valoração aduaneira, vista no capítulo anterior – são amplamente usadas. Há outros princípios do GATT que norteiam os Negócios Internacionais. O princípio da **Nação mais favorecida** afirma que não se pode adotar tratamento tarifário preferencial para um país específico em detrimento dos demais, a não ser por acordo bilateral de comércio.

O princípio da **Proibição das restrições quantitativas** assevera que um país não pode limitar numericamente (em unidades, quilos ou toneladas) a entrada de produtos externos. O Brasil efetuava esse tipo de limitação até 1992, quando as cotas de importação deixaram de existir. Por isso, esse ano é conhecido como o da abertura comercial brasileira.

O princípio do **Tratamento nacional** afirma que nenhuma mercadoria vinda do exterior pode ter tratamento tributário diferente dos produtos nacionais. Perceba que, no caso brasileiro, os produtos importados e nacionais pagam os mesmos tributos, à exceção do imposto de importação.

Como comentado anteriormente, no tema dos regimes aduaneiros especiais, há a chamada liberdade de trânsito. Esse regime deriva justamente do princípio da **Liberdade de trânsito**, segundo o qual produtos destinados a uma nação que passem pelo território de terceiro país não podem ser tributados ali. Trata-se de uma disposição do GATT.

Outro princípio muito importante é o da **Proibição ao dumping**. O *dumping* significa a venda de produtos abaixo de seu preço de custo durante um tempo, para prejudicar a indústria de uma outra nação. Isso era feito com o intuito de falir concorrentes estrangeiros e dominar mercados em outros países.

Ainda com esses princípios, existem situações em que algumas nações violam essas regras. Atualmente, a OMC conta com um Órgão de Solução de Controvérsias (OSC), no qual um país prejudicado pode acionar juridicamente aquele que violou as disposições do GATT. Foi o que fizeram os países prejudicados com as sobretaxas estadunidenses ao aço, colocadas nos governos George W. Bush e Donald Trump. Deve-se ressaltar que apenas países podem recorrer ao OSC, não empresas. O Brasil possui um histórico de vitórias ali.

RISCOS E IMPLICAÇÕES

Como visto no decorrer deste capítulo, os negócios internacionais são apoiados por uma vasta rede de organizações que dão suporte às empresas que buscam se internacionalizar. Como ocorre em todo tipo de negócio, há riscos. A melhor forma de prevê-los e superá-los é através do planejamento. Muitas empresas brasileiras que buscaram os negócios internacionais acabaram desistindo no meio do caminho. Ou por acreditar que precisavam fazer tudo por conta própria ou por pensar que seria tudo demasiadamente complicado. De fato, há burocracia, mas da mesma forma que ninguém faz tudo dentro de uma mesma organização, não se precisa fazer tudo sozinho nos negócios internacionais.

Além disso, existem os riscos considerados onipresentes nos negócios internacionais: o risco comercial, o risco econômico, o risco cultural e o risco país. O risco comercial é aquele que deriva de uma estratégia mal pensada ou mal formulada. O risco cultural é aquele oriundo da má interpretação ou da desconsideração de fatores e aspectos culturais. Ambos podem ser evitados com planejamento e pesquisa de mercado. Contratar uma consultoria local é sempre indicado.

O risco econômico engloba tanto as oscilações que as economias nacionais podem ter quanto as oscilações cambiais. Não se pode prever como será o desempenho da economia de uma dada nação, mas se podem colher alguns indicadores que forneçam indícios, tais como o índice de abertura econômica e o grau de confiança dos consumidores. No que se refere ao câmbio, alguns contratos bancários – como o contrato de *hedge* – podem congelar os preços de moeda estrangeira para uso futuro. Ou seja, se daqui a um ou dois meses se fará uma importação, e o câmbio de hoje está favorável, é possível fazer um contrato de *hedge* com o um banco e garantir a disponibilidade de moeda estrangeira no futuro, pagando valores atuais.

Já o risco país refere-se, de acordo com Cavusgil et al. (2010: 9), "aos efeitos potencialmente adversos às operações e à lucratividade de uma empresa causados por desdobramentos nos ambientes político, jurídico e econômico de um país estrangeiro". Isso pode derivar tanto da interferência dos governos nos negócios quanto de mudanças no ambiente político. Quando se comentou sobre internacionalização no primeiro capítulo, pôde-se compreender que cada forma de internacionalizar possui seus riscos. Na dúvida, sugere-se que a organização opte pelas formas menos arriscadas – como a exportação – para testar o mercado de destino.

Esses quatro riscos sempre estarão lá, e o papel do profissional de negócios internacionais é compreendê-los e saber como superá-los. Tanto a compreensão dos riscos quanto sua superação demandam atenção constante a aspectos de negócios, de economia política, de Direito Internacional e de todas as outras esferas centrais para as Relações Internacionais.

Sugestões de leitura

O tema da internacionalização e do comércio internacional vem ganhando cada vez mais atenção desde a década de 1960. De um lado, por conta do exponencial crescimento do comércio. De outro, por um interesse cada vez maior da academia e dos profissionais sobre a internacionalização.

Por isso, é possível encontrar muitas bibliografias específicas sobre as mais diversas áreas. Por exemplo, existem artigos que trabalham a internacionalização no setor têxtil, outros abordam as características das multinacionais dos países emergentes e outros ainda tratam da internacionalização de serviços. Cada área de atuação empresarial internacional é também uma área de pesquisa e publicações em negócios internacionais. Um grande repositório é a Academy of International Business (AIB), cujo *Journal of International Business Studies* (JIBS) consagrou-se como o mais importante da área.

Para aqueles que buscam entender melhor as teorias de internacionalização, sugere-se ler os originais, nas obras de Hymer (MIT

Press, 1960), Vernon (*Quarterly Journal of Economics*, 1966), Johanson e Vahlne (*Journal of International Business Studies*, 1977), Dunning (*International Business Review*, 1980), Buckley e Casson (*Journal of International Business Studies*, 1992) e Kogut e Zander (*Journal of International Business Studies*, 1993). O livro *Internacionalização de empresas: teorias, problemas e casos* (São Paulo: Atlas, 2008), organizado por Marcos Amatucci, também é uma excelente opção.

Uma visão mais estratégica do processo de internacionalização, que aborda o ambiente internacional de negócios, as relações econômicas internacionais e a elaboração de projetos de internacionalização, é trazida pela obra *Projetos internacionais: estratégias para expansão empresarial*, de nossa autoria (Curitiba: Intersaberes, 2016).

O filme *Fome de poder*, de 2017, dirigido por John Lee Hancock, conta a história da rede de *fast-food* McDonald's e mostra a padronização de processos que permitiu que o restaurante se tornasse uma rede internacional de franquias.

Ainda que as mais variadas experiências tenham mostrado o fracasso de modelos economicamente repressores, talvez poucas tenham feito isso com a clareza de Amartya Sen em *Desenvolvimento como liberdade* (São Paulo: Companhia das Letras, 2010). Nesse livro encantador, o prêmio Nobel de Economia demonstra não apenas a importância da liberdade ampla, mas também analisa o desenvolvimento e suas exigências.

A respeito do totalitarismo, sem dúvidas a melhor e mais lúcida análise feita a esse respeito é a de Hannah Arendt em *As origens do totalitarismo* (São Paulo: Companhia das Letras, 2004). A obra foi concebida na década de 1940 e analisa os fenômenos totalitários de então. Permanece assustadoramente atual.

Muito frequente na literatura sobre internacionalização de empresas, já sugerida anteriormente, o tema das empresas multinacionais é alvo de uma série de trabalhos. Áreas de atuação específicas contam com trabalhos também específicos, principalmente estudos de caso. Bons estudos sobre os mais variados setores podem ser encontrados no *Journal of International Business Studies* da AIB.

As *startups* também têm ganhado merecida atenção da literatura. Um exemplo é o trabalho de Erica Ries, *A startup enxuta* (São Paulo: Leya, 2012), que se tornou um "*must read*" da área.

Graças a sua crescente importância para o comércio, os negócios e as relações internacionais, os países emergentes vêm sendo bastante discutidos. Van Agtmael – que primeiro cunhou o termo "mercados emergentes" – nos traz a obra *O século dos mercados emergentes* (São Paulo: Cultrix, 2009). O livro fala a respeito de como grandes empresas multinacionais de países emergentes têm conseguido se destacar no concorrido mercado global.

Para entender e esclarecer a respeito das diferenças econômicas entre várias nações, assim como o importante papel das instituições, a sugestão é o *best-seller Por que as nações fracassam*, publicado em 2012 (Rio de Janeiro: Intrínseca) e escrito por Daron Acemoglu e James A. Robinson. A obra explica algumas diferenças econômicas e as bases sociais e institucionais por trás dessas diferenças entre as nações.

O risco país, tão discutido no noticiário econômico e também nos negócios internacionais, é tema de uma coletânea de trabalhos da Harvard Business Review, intitulada *On Managing Risk* (Boston: Harvard, 2020). A obra conta com trabalhos de Robert Kaplan e Condoleezza Rice, e aborda o risco país sobre diferentes perspectivas. Também nesse tema, a sugestão é o trabalho organizado por Oliveira e Marques, *Introdução ao risco político: conceitos, análises e problemas* (São Paulo: Elsevier, 2014), na qual se pode entender como o aumento de tensões internacionais reflete nos negócios, como o rebaixamento ou elevação do risco dos países afeta sua imagem e como analisar distintas conjunturas internacionais.

O cinema também tem importantes contribuições para os temas deste livro. Para saber mais sobre as questões financeiras globais, uma dica é o filme *A grande aposta*, de 2015, dirigido por Adam McKay. O filme conta a história de investidores que conseguiram antecipar a crise de 2008 e ainda lucraram com isso. Também sobre a crise de 2008, que assolou o mundo, o documentário *Trabalho interno*, de 2010, dirigido por Charles Ferguson, explica como aquela crise aconteceu, quais fatores levaram a ela, e mostra como todo o mundo foi impactado.

A área de estratégia conta com trabalhos seminais, assim como bibliografias altamente interessantes e de leitura obrigatória. As primeiras indicações não podem ser outras que aquelas elaboradas pelo "pai" da área, Michael Porter. Sua visão sobre concorrência é exposta em *Estratégia competitiva: técnicas para análise de indústrias e da concorrência* (São Paulo: Atlas, 2005). De outro lado, sua visão sobre as vantagens competitivas nacionais está no livro *A vantagem competitiva das nações*, publicado originalmente em inglês em 1989 e em português em 1992 (São Paulo: Atlas), revisado periodicamente desde então.

Outra boa indicação para a compreensão da estratégia e de suas características essenciais é o trabalho de Kornberger, Carter e Rubenich, *Um livro bom, pequeno e acessível sobre estratégia* (Porto Alegre: Bookman, 2010). Nele é possível compreender os primórdios da estratégia, suas distintas abordagens e entender como a estratégia é, de fato, o legado da concorrência.

Da mesma forma que a área conta com diversos trabalhos bibliográficos, o cinema é solo fértil para vermos a estratégia em ação. O primeiro filme que indico é *O homem que mudou o jogo*, de 2011, dirigido por Bennett Miller. O filme mostra gestores de um time de futebol americano que reinventam o time através de novas estratégias. Outra película que toca no tema da estratégia é *O lobo de Wall Street*, de 2014, dirigido por Martin Scorsese. Nesse caso, é apresentada a história de Jordan Belfort, que enriqueceu de forma ilícita e antiética.

Não se pode falar em marketing sem trazer como sugestão de leitura as obras que marcaram época de Philip Kotler, considerado o pai do marketing. Uma visão mais aprofundada da área está no seminal *Administração de marketing* (São Paulo: Pearson, 2013), escrito em conjunto com Kevin Keller. Outro trabalho do autor é o *Marketing 4.0: do tradicional ao digital* (Rio de Janeiro: GMT, 2017), escrito em conjunto com Iwan Setiawan. Nesse livro, Kotler e Setiawan discutem os impactos da transformação digital para o marketing, para os consumidores e, é claro, para as empresas. Também de Kotler é o *Marketing para o século XXI* (Birigui: Futura, 2013), que atualiza os conceitos e as definições da área, e aponta direcionamentos para o campo com as rápidas mudanças de nosso século.

Na área das finanças, uma leitura sempre pertinente é o trabalho de Lawrence Gitman, *Princípios de administração financeira* (São Paulo: Pearson, 2010), em que se pode ter contato com os termos e temas mais básicos e também com os mais avançados. Gitman aborda não só as definições básicas das finanças, mas também vai além, trazendo pontos como técnicas, instrumentos de tomada de decisão e formas de avaliação na área.

Internacionalmente, o tema das finanças é tratado por Cristina Terra no livro *Finanças internacionais: macroeconomia aberta* (São Paulo: Elsevier, 2014), no qual se pode compreender com alguns detalhes as questões cambiais e seus determinantes principais. De outro lado, Eiteman, Stonehill e Moffett analisam as finanças internacionais pela ótica das empresas no livro *Administração financeira internacional* (Porto Alegre: Bookman, 2012). Aqui, os autores abordam desde o ambiente financeiro internacional até as finanças das empresas multinacionais e em processo de internacionalização.

O entendimento das questões relativas aos recursos humanos na esfera internacional é dado por Ademar Orsi, Natacha Bertoia e Mariana Barbosa-Lima no livro *Gestão internacional de recursos humanos* (São Paulo: Elsevier, 2015), no qual se pode compreender sobre o impacto da internacionalização na gestão de pessoas, seus desafios e abrangência global. Trata-se de uma obra sobre um tema de crescente atenção em nosso país, onde as empresas têm buscado a internacionalização de forma mais frequente.

Por fim, a obra de Tamer Cavusgil, Gary Knight e John Riesenberger, *Negócios internacionais: estratégia, gestão e novas realidades* (São Paulo: Pearson, 2010), é um clássico da área de negócios internacionais, utilizado em mais de uma dezena de países. O livro aborda questões relativas a marketing, recursos humanos, finanças e distribuição, sendo recheados de casos de empresas reais e seus ensinamentos.

Outro filme interessante que, de certa forma, espelha os conteúdos tratados neste livro é *Jobs*, de 2013, dirigido por Joshua Michael Stern, e que conta a história da Apple e a trajetória de seu fundador, Steve Jobs. Por fim, os filmes *Amor sem escalas*, de 2009, dirigido por Jason Reitman; e *Os estagiários*, de 2013, dirigido por Shawn Levy, pincelam temas ligados aos recursos humanos, desde a importância de se manter atualizado até a dificuldade na hora de demitir.

Em comparação com os demais ramos do Direito, o Direito Aduaneiro recebe menos atenção. Isso não quer dizer, de forma alguma, que é menos importante, pelo contrário: todas as mercadorias que entram em nosso país e saem dele precisam respeitar seus preceitos. Para seu entendimento amplo e para a compreensão dos modos de controle, dos crimes aduaneiros, dos relacionamentos entre o Direito Aduaneiro brasileiro e a Organização Mundial do Comércio, a obra indicada é de Nycgray, *Legislação aduaneira, comércio exterior e negócios internacionais* (Curitiba: Intersaberes, 2016).

As questões tributárias, tão presentes nos manuais da área do Direito Tributário, recebem tratamento diferenciado e atento de Liziane Angelotti Meira, na obra *Tributos sobre o comércio exterior* (São Paulo: Saraiva, 2012), na qual explica com muita clareza os pormenores da tributação nas atividades de importação e exportação.

Por fim, os temas aduaneiros vistos estão presentes na série do Discovery Channel, *Aeroporto – área restrita*, que mostra os bastidores do aeroporto internacional de São Paulo (Guarulhos) e o trabalho dos agentes da Receita e da Polícia Federal. A série é produzida desde 2017 pela Moonshot Pictures e dirigida por Andre Barmak.

O tema do *global sourcing* ainda não tem seu estudo plenamente difundido no Brasil. Tanto as empresas quanto os profissionais têm ainda muito a aprender nessa área. Assim, a obra de Sollish e Semanik, *Strategic Global Sourcing Best Practices* (Hoboken: John Wiley & Sons, 2011), é um excelente ponto de partida para a análise de práticas, tomada de decisões e avaliação de possibilidades para o fornecimento global.

Já indicado anteriormente como um clássico dos negócios internacionais, a obra de Cavusgil et al. também aborda as questões de *outsourcing*, *global sourcing* e os riscos dos negócios internacionais. Não é demais pontuá-la mais uma vez.

Tal qual as áreas de estratégia e marketing possuem seus trabalhos seminais, a logística e a cadeia de abastecimento beneficiaram-se muito do trabalho de Paulo Roberto Bertaglia, *Logística e gerenciamento da cadeia de abastecimento* (São Paulo: Saraiva, 2012), uma obra completa de leitura essencial para a compreensão desse tema tão caro aos negócios internacionais.

Aspectos internacionais da logística ficam a cargo de Nelson Ludovico, no livro *Logística internacional: um enfoque em comércio exterior* (São Paulo, Saraiva, 2017). O autor discute desde os aspectos ligados à saída da mercadoria do país de origem até sua entrega ao cliente no exterior, destacando os pontos de atenção e apontando conceitos, definições e boas práticas.

O cinema, por fim, pode trazer alguns ensinamentos. Os filmes *Senhor das armas*, de 2005, dirigido por Andrew Niccol, e *Cães de guerra*, de 2016, dirigido por Todd Phillips, abordam algumas questões sobre logística e transportes internacionais de material bélico. No primeiro caso, conta-se a história de um notório traficante de armas. No segundo, mostra-se o caso de dois negociadores de armas que conseguem um contrato milionário para fornecer armamento ao governo afegão.

Bibliografia

ACEMOGLU, Daron; ROBINSON, James. *Por que as nações fracassam*: as origens do poder, da prosperidade e da pobreza. Rio de Janeiro: Campus Elsevier, 2012.

ALDASHEV, Gani. "Legal Institutions, Political Economy, and Development". *Oxford Review Of Economic Policy*. Oxford, v. 25, n. 2, 2009, pp. 257-70.

ARMSTRONG, Michael. *Armstrong's Handbook of Strategic Human Resource Management*. New York: Kogan Page, 2011.

BERTAGLIA, P. *Logística e gerenciamento da cadeia de abastecimento*. 2. ed. São Paulo: Saraiva, 2012.

BRASIL. Decreto n. 6759, de 5 de fevereiro de 2009. Regulamenta a administração das atividades aduaneiras, e a fiscalização, o controle e a tributação das operações de comércio exterior. *Regulamento Aduaneiro*. Brasília, DF, 5 fev. 2009. Disponível em: <http://www.planalto.gov.br/ccivil_03/_ato2007-2010/2009/decreto/d6759.htm>. Acesso em: 19 set. 2020.

BRASIL. Lei n. 5.172, de 25 de outubro de 1966. Dispõe sobre o Sistema Tributário Nacional e institui normas gerais de direito tributário aplicáveis à União, estados e municípios. *Código Tributário Nacional*. Brasília, DF, 25 out. 1966. Disponível em: <planalto.gov.br/ccivil_03/leis/l5172.htm>. Acesso em: 24 mar. 2020.

BUCKLEY Peter J.; CASSON, Mark. *The Future of the Multinational Enterprise*. Houndmilis: Macmilian, 1992.

_____; _____. Organising for Innovation: the Multinational Enterprise in the Twenty-first Century. In: BUCKLEY, P. J.; CASSON, M. C. (Eds.). *Multinational Enterprises in the World Economy: Essays in Honour of John Dunning*. Aldershot: Edward Elgar, 1992, pp. 212-232.

CAVUSGIL, S. Tamer; KNIGHT, Gary; RIESENBERGER, John. *Negócios internacionais*: estratégia, gestão e novas realidades. Pearson: São Paulo, 2010.

CHANDLER, A. D. *Strategy and Structure*: Chapters in the History of the American Industrial Enterprise. Cambridge, MA: MIT Press, 1962.

CHIAVENATO, ldalberto. *Gestão de pessoas*: o novo papel dos recursos humanos nas organizações. 3. ed. Rio de Janeiro: Elsevier, 2010.

CHRISTENSSEN, Clayton; RAYNOR, Michael. *The Innovators Solution*: Creating and Sustaining Successful Growth. Boston: Harvard Business Review Press, 2013.

DUBY, Georges. *História da Vida Privada*. Companhia de Bolso: São Paulo, 2009, v. 2: Da Europa feudal à Renascença. (Edição de bolso).

DUFFIN, Erin. Statista. The 100 Largest Companies in the World by Market Capitalization in 2020. Disponível em: <https://www.statista.com/statistics/263264/top-companies-in-the-world-by-market-capitalization/>. Acesso em: 13 out. 2020.

DUNNING, John H. "The Determinants of International Production". *Oxford Economic Papers*. Oxford, v. 25, n. 3, nov. 1973, pp. 289-336.

_____. "Toward an Eclectic Theory of International Production: Some Empirical Tests". *Journal of International Business Studies*, v. 11, n. 1, 1980, pp. 9-31.

ELLERY, Roberto. O Brasil é o quarto país do mundo que mais tributa empresas – e supera todos os países da OCDE: não há como se ter uma economia pujante assim. Não há como se ter uma economia pujante assim. *Mises Brasil*, 2020. Disponível em: <https://www.mises.org.br/article/3270/o-brasil-e-o-quarto-pais-do-mundo-que-mais-tributa-empresas--e-supera-todos-os-paises-da-ocde>. Acesso em: 02 nov. 2020.

FERREIRA, Manuel Portugal; REIS, Nuno Rosa; SERRA, Fernando Ribeiro. *Negócios internacionais*: e internacionalização para as economias emergentes. Lisboa: Lidel, 2011.

G1. Brasileiro trabalhou 151 dias em 2020 somente para pagar tributos, diz estudo do IBPT: tributos equivalem a 41% do salário do brasileiro; população trabalhou até o dia 30 de maio para pagar impostos. Tributos equivalem a 41% do salário do brasileiro; população trabalhou até o dia 30 de maio para pagar impostos. 2020. Disponível em: <https://g1.globo.com/economia/noticia/2020/06/01/brasileiro-trabalhou-151-dias-em-2020-somente-para-pagar-tributos-diz-estudo-do-ibpt.ghtml>. Acesso em: 02 nov. 2020.

GITMAN, Lawrence J. *Princípios de administração financeira*. 12. ed. São Paulo: Pearson Prentice Hall, 2010.

HYMER, Stephen H. *The International Operations of National Firms*: A Study of Direct Foreign Investment. Cambridge, MA: MIT Press, 1960.

INVEST & EXPORT BRASIL. Classificação de mercadoria na NCM. Disponível em: <https://investexportbrasil.dpr.gov.br/NCM/frmNCM.aspx>. Acesso em: 02 nov. 2020.

JOHNSTON, Matthew. Biggest Companies in the World by Market Cap. 2022. Fatos verificados por Ryan Eichler. Disponível em: <https://www.investopedia.com/biggest-companies-in-the-world-by-market-cap-5212784>. Acesso em: 22 mar. 2022.

JOHANSON, Jan; VAHLNE, Jan-Erik. "The Internationalization Process of the Firm – A Model of Knowledge Development and Increase Foreign Market Commitments". *Journal of International Business Studies*, Spring 1977.

_____; _____. "The Mechanism of Internationalization". *International Marketing Review*, v. 7, n. 4, 1990, pp.11-24.

_____; _____. "The Uppsala Internationalization Process Model Revisited: From Liability of Foreignness to Liability of Outsidership". *Journal of International Business Studies*, 2009, pp. 1411-31.

_____; _____. From Internationalization to Evolution: the Uppsala Model at 40 Years. *Journal of International Business Studies*, 48, 2017, pp. 1087-1102. Disponível em: <https://doi.org/10.1057/s41267-017-0107-7>. Acesso em: 17 dez. 2020.

KOGUT, Bruce; ZANDER, Udo. "Knowledge of the Firm and the Evolucionaty Theory of the Multinational Corporation". *Journal of International Business Studies*, n. 24, 1993, pp. 625-45.

KOTLER, Phillip; KELLER, Kevin. *Administração de marketing*. São Paulo: Pearson, 2013.

LA PORTA, Rafael; LOPEZ-DE-SILANES, Florencio; SHLEIFER, Andrei. "The Economic Consequences of Legal Origins". *Journal Of Economic Literature*, [s. l.], v. 46, n. 2, 2008, pp. 285-332.

MCDOUGALL, Patricia; OVIATT, Benjamin. "Toward a Theory of International New Ventures". *Journal of International Business Studies*, n. 25, 1994, pp. 45-64.

NOMENCLATURA do Sistema Harmonizado. Disponível em: <https://mf.gov.cv/documents/54571/273413/VUSH_2012-FINAL_COM_ACORDO.pdf>. Acesso em: 2 nov. 2020.

NYEGRAY, João Alfredo Lopes. *Legislação aduaneira, comércio exterior e negócios internacionais*. Curitiba: Intersaberes, 2016.

OVIATT, Benjamin M.; MCDOUGALL, Patricia P. Defining International Entrepreneurship and Modeling the Speed of Internationalization. *Entrepreneurship Theory and Practice*, v. 29, n. 5, 2005, pp. 537–53, Disponível em: <https://doi.org/10.1111/j.1540-6520.2005.00097>. Acesso em: 17 dez. 2020.

PORTER, Michael E. *Estratégia competitiva*: técnicas para análise de indústria e da concorrência. Trad. Elizabeth Braga. 2. ed. Rio de Janeiro: Elsevier/Campus, 2004.

ROBLES, Léo Tadeu; NOBRE, Marisa. *Logística internacional*. Curitiba: Intersaberes, 2016.

SOLLISH, Fred; SEMANIK, John. *Strategic Global Sourcing:* Best Practices. New Jersey: John Wiley & Sons, 2011.

STOPFORD, Martin. *Economia marítima*. São Paulo: Blucher, 2017.

TARIFA Externa Comum Brasil. 2015. Disponível em: <http://www5.sefaz.mt.gov.br/documents/6071037/6401784/Tabela+NCM+-+MDIC+atualizada.pdf/bc780e4b-fd2f-4312-879c-65d5fd1ff49d>. Acesso em: 2 nov. 2020.

VERNON, Raymond. "International Investment and International Trade in the Product Cycle". *Quarterly Journal of Economics*, v. 80, n. 2, 1966, pp. 190-207.

O autor

João Alfredo Nyegray é mestre e doutor em Administração de Empresas, com foco em Internacionalização e Estratégia, e especialista em Negócios Internacionais pela Universidade Positivo, onde também atua como professor nas áreas de Relações Internacionais e Negócios.

GRÁFICA PAYM
Tel. [11] 4392-3344
paym@graficapaym.com.br